JN131040

地域と
芸術文化投資

西田陽介【著】

大学教育出版

はじめに

　2018年に東京都から岡山県に移住してきて、岡山県のプロスポーツチームや芸術文化に携わる方々と話す機会が増えた。岡山県は私立、公立を問わず美術館も多く、プロスポーツチームも4団体、地域のオーケストラもあり、スポーツや芸術文化活動が盛んなところである。

　これまで、東京で美術館に行ってもあまり経営について意識することはなかった。2015年にルーブル美術館展としてフェルメールの「天文学者」が国立新美術館に来たときは、あまりの混雑でわずか数秒しか見ることができなかったし、2016年の若冲展は入場すらできなかった。人気のあるものはビジネスとしても問題がないのではないか、というくらいの意識であった。ただ、プロスポーツチームは一度業務を手伝ったこともあり、入場料やグッズ販売とスポンサーの支援の両輪で運営がされていることは理解していた。首都圏でも地域密着型の運営をしているというのは驚いた点でもあったし、サポーターや地域へのアプローチは企業の戦略を考える上でも参考になった。

　芸術文化に造詣が深いとはお世辞にも言えないが、美術館について話を聞くにつれいろいろと疑問が出て来た。これまで業務として有価証券の取引、経営戦略策定支援やM&A（企業や事業の合併と買収）に携わってきて、企業（主に株式会社）の

ルールはある程度理解しているつもりであるし、企業価値の創出に向けた取り組みについてもいろいろと考えてきた。美術館は法律上、博物館の一つであり、博物館法にはその目的も述べられている。美術館は社会的価値を創出することがそのミッションとも言えるが、定量的に評価するのが困難である。つまり、わかりにくい。また、上場企業と比較して、情報開示も少ないのでさらにわかりにくくなっている。ホームページ上でまったく開示しないところさえある。わかりにくいものをわかりやすくして、支援者を獲得する、ということが運営上の課題ではないかと考えている。

　美術館の運営はプロスポーツチームとの類似性が高い。固定費の比率が高く、入場料や物品販売ではその費用を賄うことが困難であり、入場者などの直接的な便益を受ける者以外からの支援が不可欠である。つまり、入場者と支援者に対する二重性のマーケティングが必要とされる。違いは支援者に対するマーケティングである。プロスポーツチームは支援（候補）企業に対して積極的なアプローチを行っているが、美術館でそのような話を聞くことはあまりない。美術館の寄付金の収入に占める比率は海外に比べると極端に低い。海外の美術館のマネジメント業務の一つは資金調達（＝寄付金を集めること）である。日本の税制の問題について指摘するものもあるが、なぜ営業活動を行わないのか不思議に感じている（人的資源に限界がある点は理解している）。

　瀬戸内地域では瀬戸内国際芸術祭が行われており、2019年に初めて訪ねることができた。直島だけであったが、観光客も多く賑わっていた。2020年にもう一度訪ねる機会があり、この時は専門家の方に作品を解説して頂いたのだが、作品に対する印象が変わった。また、2019年に開催されていた岡山国際芸術交流でも専門家の方に作品を解説してもらったのだが、話を聞くことがなかったらまったく違う印象だったのではないかと思っている。これまでも美術館を訪ねることはあったのだが、芸術文化に携わる方々と話をするにつれ、芸術文化における経験価値の深さを認識するようになり、その可能性の広さを感じている。

　2010年くらいから各地で芸術祭が開催されている。2014年から本格化した地域創生にも資する取り組みである。開催報告書を見ると、その収入の多くは税金である。これが持続的に続くのであれば構わないが、国の財政悪化、地方間の格差など問題は山積している。また、2020年の新型コロナウイルス感染症は財政悪化に拍車をかけることになろう。この観点からも美術館や芸術祭の持続的な運営について検討する必要があるのではないか、と考えるようになった。美術館や芸術祭はその制度上、短期的な収支の安定性が求められている。他方、そのミッションは長期的な取り組みにより実現していくものである。バブル後期の1988年には、ふるさと創生事業として箱物やモニュメントが多数作成されたが、無駄遣いとの声は多かっ

た。ソフトが伴わなかったからである。少子高齢化が進む我が
国では特に地方の問題は深刻である。芸術祭は地域とアーテイ
ストの共創により、社会の仕組みへと働きかけるものとなって
いる。このような取り組みを持続的に運営し、地域創生のドラ
イバーとしての役割を果たしていくことが期待されている。

　美術館や芸術祭に関する論文は多いが、経済的な視点、持続
性について議論しているものは少ない。美術館や芸術祭で収益
を得る必要はないのだが、持続的に運営するには、収支が合わ
なければならない。本書は、芸術文化の地域との関わりと持続
的な運営について検討を行ったものである。

　第 1 章では地域創生と地域ブランド、及びそのプロセスに
おける芸術文化の役割を明らかにしようとしている。地域に
とって、高齢化、人口減少は避けられない課題である。国内の
地域間競争、グローバルな競争が激化するなか、地域そのもの
をブランド化する必要性が指摘できる。地域ブランド化におけ
る芸術文化の役割を明示することを意図している。

　第 2 章ではアートプロジェクトとそのマネジメントについ
て検討を行った。提供する製品やサービスを開発する企業とは
異なり、アートマネジメントの当事者は作品制作に直接関わる
ことは少ない。アーティスト、地域、ボランティアなどステー
クホルダーとの橋渡しが主要な業務の一つとなっている。地域
住民の理解と参加、来場者に向けたプログラムの展開、アート
プロジェクトの経済性の担保の 3 つの視点から持続的に運営

するための論点について明らかにしようとしている。

　第3章では美術館の経営課題について検討を行った。芸術祭のミッションは、数年に一度の開催だけで達成されるわけではなく、芸術祭の中核にもなり、日常的に運営を行う美術館もその役割を担っている。美術館は法律上博物館の一つであり、その制度を振り返り、経営上の課題を明らかにすることを目的にしている。

　第4章ではアートプロジェクトと美術館の情報開示、及びマーケティングについて扱った。上場企業では制度の変更も伴い、年々開示情報が増えている。他方、アートプロジェクトや美術館の情報開示が進んでいるとは言い難い。アートプロジェクトや美術館のミッションの達成度は定性的であり評価が困難である。それゆえに積極的な開示が期待される。芸術祭や美術館と運営上の類似性が高いプロスポーツやオーケストラの事例により、そのマーケティングのあり方を検討している。

　第5章では、芸術祭、美術館の資金調達の多様化を目指す上で、地域の多様な企業、個人が潜在的な支援者となりうる。特に、企業においてはCSRやSDGsといった社会活動への意識が高くなっており、芸術文化投資への積極化も期待される。同時に、機関投資家もPRI（Principles for Responsible Investment：責任投資原則）に署名し、投資の意思決定プロセスにESGを可能な限りコミットする動きが出ている。企業という潜在的な芸術文化投資家の社会活動への取り組みを振り返

り、今後の可能性について検討している。また、企業経営でもアート思考への関心が高まっている。直接的なメリットがあれば芸術文化投資も加速していく。ここでは、このような企業と芸術文化の共創による価値創出についての考察を行っている。

　人口減少、高齢化といった問題は少しずつ、しかし確実に訪れる。今から長期的な地域のあり方を検討していく必要がある。定住人口を増やす、というのは現実的ではないかもしれないが、交流人口が増えていけば、地域の活性化が図れる。地域ブランドを構築していくことはその一手法であり、芸術文化はその中核となる資源になりうる。国や地域の財政問題はコロナ感染症対策により悪化していくことが想定され、企業の業績も影響を受けている。芸術文化を支える組織が厳しい環境に置かれるなか、持続的に運営していくための経営手法が求められているのではなかろうか。

地域と芸術文化投資

目　次

1. 芸術文化と地域創生

　少子高齢化という社会的課題に直面する我が国では地域創生への取り組みが進んでいる。多様な取り組みがみられるなか、芸術文化はその中核を担う地域資源となる可能性を有している。本章では地域創生と地域のブランド化、及びそのプロセスにおける芸術文化の役割について検討する。

1-1. 地域創生の取り組み

　2014年の「まち・ひと・しごと創生法」公布から、人口減少、高齢化、東京一極集中といった課題に対処する地方創生の取り組みが本格化している。

　人口減少問題については幅広く認識されているが、突然変化が起こるわけではなく少しずつ進んでいく。長期的な視点での検討が必要となると同時に、喫緊の課題ということが認識されにくい。岡山県を例に取ると、2005年の195万7,264人をピークに人口が減少しており189万1,914人（2019年9月1日現在、岡山県統計局）となっている。この傾向は今後も徐々に進んでいくことが見込まれており、2040年には161万985人、65歳以上だけが増加してその比率は34.8％に達することが予

想されている（岡山県「岡山県人口ビジョン」より）。

　国際連合（2018）によると、2018年現在、55％の世界人口が都市部に暮らしている。1950年には30％だった都市部人口は、2050年には68％に達すると予測されている。また、東京都市圏の人口は世界一の3,700万人であり、続くデリー（インド）の2,900万人を引き離している。新型コロナウイルス感染症の拡大により、新しい生活様式、グローバル化や都市化が進まなくなる、という予測もあるが、世界最大の都市圏を持つ我が国では東京一極集中の問題は簡単とはいい難い。今後、2050年時点において全国の居住地域の約半数の地域で人口が50％以上減少することが見込まれており、人口規模が小さい市区町村ほど人口減少率が高くなる傾向がある。特に2015年時点の人口が1万人未満の市区町村に居住する人口は、約半分に減少する可能性があるとされている。

　地域が少子高齢化するということは、地域で活動する企業にとっても、従業員が生活する地域の活性化、魅力度の向上は死活問題と言えよう。

　2019年の第2期「まち・ひと・しごと創生総合戦略」では、将来にわたって「活力のある地域社会」の実現と、「東京圏の一極集中」の是正を共に目指すために、以下の4つの基本目標と2つの横断的な目標を掲げている。

　【基本目標1】稼ぐ地域をつくるとともに、安心して働けるようにする

【基本目標 2】地方とのつながりを築き、地方への新しいひ
　　　　　　　との流れをつくる

【基本目標 3】結婚・出産・子育ての希望をかなえる

【基本目標 4】ひとが集う、安心して暮らすことができる魅
　　　　　　　力的な地域をつくる

【横断的な目標 1】多様な人材の活躍を推進する

【横断的な目標 2】新しい時代の流れを力にする

　例えば、横断的な目標 2 では Society5.0 や SDGs（Sustainable Development Goals）の推進が掲げられている。現代の社会経済環境は複雑性を増し、VUCA（Volatility, Uncertainty, Complexity, Ambiguity：変動性、不確実性、複雑性、曖昧性）への対応が求められている。今日では「複雑な」問題に対して、単独の専門領域で取り組むことが困難になっており、個別の立場や組織を越えた連携が必要となる。地域創生も幅広い分野に対して多様な参加者による様々な取り組みが必要とされる。このような取り組みは全国で進んでおり、自治体、企業、教育機関などが連携を進めている。その後、新型コロナウイルス感染症の拡大に伴い、「まち・ひと・しごと創生基本方針 2020」が閣議決定され、感染症の克服と危機に強い地域経済の構築など喫緊の課題対策が打ち出されている。

1-2. 芸術文化と地域創生

　第2期「まち・ひと・しごと創生総合戦略」の基本目標4である「ひとが集う、安心して暮らすことができる魅力的な地域をつくる」では、「訪れたい、住み続けたいと思うような地域をつくるためには、都市機能、日常生活サービス機能を維持・確保するとともに、地域資源を最大限に活かし、地域に付加価値を持たせることで、魅力的な地域作りを進める必要がある」としている。施策の方向性として、

　(1) 質の高い暮らしのためのまちの機能の充実

　(2) 地域資源を活かした個性あふれる地域の形成

　(3) 安心して暮らすことができるまちづくり

が打ち出されている。(2) では観光、文化、スポーツ、健康が掲げられている。また、政府が策定する観光ビジョン実現プログラム2019では、「観光は、地方創生の切り札、成長戦略の柱である」から始まっている。2018年に3,000万人を超えた日本への海外からの観光客は東京でのオリンピック開催に伴い、2020年に4,000万人の目標を立てていたが、世界的なコロナ感染症の拡大により、観光地では予約のキャンセルが続き、本目標の達成は困難となった。しかし、感染症の拡大が終息すれば、観光を柱とした取り組みは継続していくものと考えられる。

　文部科学省は 2015 年に「文化・芸術を中核とした地域活性化の推進」という指針を出し、その目的として、「地域の特色ある文化芸術活動や劇場・音楽堂等の活動を推進し、文化・芸術を起爆剤とする地方創生の実現を図る」としている。この中で取り組み例として挙げられている瀬戸内国際芸術祭は、2010 年の第一回目から 3 年に一度開催されている。2019 年には総来場者数は 117 万 8,484 人となっており、前回 2016 年の 104 万 50 人を越えて過去最多となった[1]。また、香川県内の経済波及効果は 180 億円と算出され、前回より 30％の増加となっている[2]。国内来場者より消費者金額が大きい「外国人来場者」の割合が前回比上昇（13％ → 23％）したことが経済波及効果の増加に大きく寄与したとみられる、と分析されている。

　瀬戸内国際芸術祭は現代アートを活用したアートプロジェクトである。日本政策投資銀行（2010）は、「現代アートが地域活性化のシーズとして着目されるようになった。ヨーロッパでは 1980 年代より産業構造の転換をきっかけに多くの都市で芸術文化の持つ創造性に注目し、芸術文化と各都市の既存資源を組み合わせた都市再生戦略が組まれるようになり、バルセロナやボローニャのように芸術文化のまちとしての地位を確立した

1　瀬戸内国際芸術祭実行委員会事務局『瀬戸内国際芸術祭 2019 の総来場者数について』2019 年 11 月 7 日発表
2　瀬戸内国際芸術祭実行委員会、日本銀行高松支店『「瀬戸内国際芸術祭 2019」開催に伴う経済波及効果』2020 年 2 月 4 日発表

都市も多い。そして、我が国でも横浜市や金沢市等が、芸術文化による都市再生を標榜する「クリエイティブシティ（創造都市）」としての構想をいち早く掲げ、都市戦略を策定・実践し、地域活性化に向けた積極的な取り組みを進めている」と述べている。

　石川県金沢市は人口約45万人の都市で、2015年の北陸新幹線開業を契機に観光客数が増加している。2019年の金沢市の主要観光施設利用者数を見ると、金沢21世紀美術館が260万8,037人であり、兼六園の275万4,074人、金沢城公園の233万2,485人とほぼ同様の利用者数となっており、他の主要観光施設利用者数と比較してもこの3施設の利用者数が多くなっている[3]。金沢21世紀美術館は現代アートを対象とし、芸術文化教育活動の場であり、文化創造の中核拠点の役割を担っている。兼六園、金沢城公園と金沢21世紀美術館は隣接していることもあるが、ほぼ同じ入場者数が訪れているということは、「行きたい」と思う観光施設として認識されているということであろう。

　金沢21世紀美術館は2004年に開業している。そのミッションステートメントには、「21世紀の美術館には、教育、創造、エンターテインメント、コミュニケーションの場など、新

3　金沢市経済局営業戦略部観光政策課『金沢市観光調査報告書　平成31年・令和元年』

たな「まちの広場」としての役割が期待されています。市民や産業界など様々な組織と連携を図り、全く新しい美術館活動を展開します」とあり、地域との共存、共栄が謳われている。金沢市は第二次世界大戦の戦禍に遭わなかったこともあり、街路や用水等城下町の骨格や往時の特徴を今に伝える街並みが残り、歴史に根付いた伝統・文化が受け継がれている。1968 年には全国に先駆けて「伝統環境保存条例」を制定するなど、歴史・文化的資産を守り育ててきたという歴史を有しており、地域の文化・芸術への理解の深さといった点も指摘できる。

1-3. 地域ブランドと芸術文化

　直島（香川県香川郡直島町）は瀬戸内国際芸術祭の中心である。直島は住民数 3,105 人[4]、岡山県宇野港からフェリーで約 20 分、香川県高松港からフェリーで約 60 分の距離に位置する。ここでは、三菱マテリアル株式会社の直島製錬所があり、電気銅の生産や貴金属の回収、リサイクルが行われている。1988 年に福武書店（現ベネッセホールディングス（以下ベネッセ））の福武總一郎が「直島文化村構想」を発表、1992 年にホテルと美術館が一体となった「ベネッセハウスミュージアム」

4　2015 年国勢調査 https://www.pref.kagawa.lg.jp/chiiki/seto-island/statistics/（2020 年 10 月 15 日アクセス）

図1-1 草間彌生「南瓜」（写真：安斎重男）

がオープン。2004年に地中美術館、2010年に李禹煥美術館を開館、2010年から始まった瀬戸内国際芸術祭の中核となっている。いずれも安藤忠雄の設計によるものである。また、草間彌生の「南瓜」（赤色と黄色がある）も著名であり、直島は海外でも「アートの島」という地域ブランドを確立している。

　沈（2010）は、地域ブランドを、地域の農林水産品、加工品や特定の観光サービスを識別するものとして、地域ブランドを「地域名＋商品（サービス）名」と定義する考え方と、地域全体をマネジメントし、傘ブランドのように個別の地域ブランドを束ねる存在として、地域ブランドを「地域イメージそのもののブランド化」と定義する考え方の2つの流れがある、と整理している。前者は地域独自の工業製品や農水産物などの産

品を指している。例えば、岡山県であれば「桃」や「ぶどう」が著名な農産物である。ただし、その収穫量は桃が全国6位（6%）、ぶどうが全国4位（9%）[5]となっており、必ずしも収穫量が多い地域ではない。品種開発に取り組んできた農家や研究機関、県をはじめとする様々な組織がマーケティングを行いブランドの構築に取り組んできた。「京都」や「直島」などは後者の「地域イメージそのもののブランド化」に該当しよう。

　青木（2004）は、国内での地域間競争、観光立国としてグローバルな競争が激化するなか、個別の地域振興や特産品のブランディングでは不足とし、地域全体のブランド化の必要性を指摘している。主体が多種多様であるために共通の目標を設定が難しい、ターゲットを絞ることが難しい、などを挙げている。また、地域全体をブランド化し、それを地域の活性化につなげていく上での4つのステップについて述べている。

　第1ステップとしてはブランド化可能な個々の地域資源を選び出し、ブランド化していく段階である。「アートの島」である直島の事例で考えてみると、現代アートは外部から持ち込まれた資源であるが、地域の自然や文化と一体化することが一つの特徴でもある。その観点からは、第2ステップまでを現代アートを地域の自然や文化とともに作り上げていった、とい

5　農林水産省作況調査 https://www.maff.go.jp/j/tokei/kouhyou/sakumotu/sakkyou_kazyu/index.html（2020年9月15日アクセス）

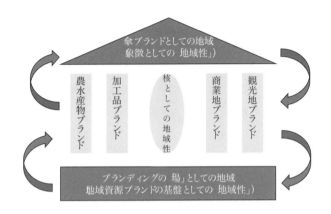

① 地域性」を生かした地域資源のブランド化
② 地域資源ブランドによる地域全体のブランド化
③ 地域ブランドによる地域資源ブランドの底上げ
④ 地域資源ブランドによる地域 経済)の活性化

図1-2　地域ブランド化の4つのステップ（青木（2014））

うことが言える。また、新しい美術館や家プロジェクトといっ
た取り組みにより地域資源ブランドが強化（第3ステップ）さ
れ、瀬戸内国際芸術祭を継続して開催する（第4ステップ）こ
とにより地域経済の活性化や地域自体の活性化が進んでいく状
況となっている。

　また、若林・徳山・長尾（2018）は、地域産品のブランディ
ングに比べ、地域全体のブランド化の難しさを指摘する。現在
ではアートの島として著名になった直島であるが、現代アート
は地域活性化のシーズとして簡単に町の人々に受け入れてもら
えたのであろうか。自分の住んでいる近くに現代アートがあ

る、ということが簡単に受け入れられるとはなかなか考えにくい。また、全国各地でもアートプロジェクトが実施されてきているが、支援元（自治体や企業）の方針の変更により現場の動向が左右されることも多い。直島の場合は、1988 年の直島文化構想以来、2010 年の第一回瀬戸内国際芸術祭まで長い年月をかけて地域との取り組みを行っている。地域全体のブランドとなっていったのは、現代アートを単に外から持ってきたということではなく、一緒に創り上げていったということが大きい。外から著名な現代アートを持ち込んで、たくさんの観光客が来ても、それを島の文化だと考える人は少ない。ベネッセアートサイト直島の場合、そのコンセプトを「自然＋景観＋アート＋建築＋島の歴史や人々の営み」としている。

　しかし、このコンセプトを実現するのは容易ではない。島でアートを展開するという考えは地域住民との長年の対話を通じて理解してもらい、協力が必要である。このような取り組みがなければ、現代アートが「島の文化」とは認められない。ベネッセアートサイト直島は直島、犬島（岡山県岡山市）、豊島（香川県小豆郡土庄町）で展開されている。担当者と話をすると、島の歴史、文化、地域の人すべてに詳しく、長い期間をかけて構築した地域との関係性が理解できる。もう一点は企業のプロジェクトに対するコミットの高さである。福武財団がベネッセアート直島の運営の一端を担っているが、この運営にはベネッセホールディングスの継続的な関与も不可欠である。一

般的に、アートプロジェクトや美術館の目的は収益ではないため、企業の業績によりその活動は左右されることが多い。企業が安定的、長期的かつ積極的な関与を続けたことが世界的にも著名な地域ブランド構築へと繋がっている。

1-4. プレイス・ブランディング

　地域に関わるブランド論は、欧米を中心にプレイス・ブランド、シティ・ブランド、エリア・ブランドなど様々な呼称がある。若林・徳山・長尾（2018）は、「海外のメディアからさまざまな国や都市の情報を得ることが容易になっただけではなく、海外旅行に行くことのできる消費力を持った人々は世界的に増えてきており、都市や国家をみる人々の目も変わってきている」と述べた上で、競争に生き残るための方策の1つとしてプレイスにおいてもブランディングが重要視されるようになったとしている。

　Baker（2012）は、「プレイス・ブランドとは、人々がある場所（location）に対して抱く、思い、感情、期待の総体であり、それは特定の場所についての評判や永続的な特質であり、その価値への識別された約束であり、競争力のある強みを提供するものである」と定義する。また、「プレイス・ブランディングとは、その場所の競争力のある独自のアイデンティティを識別させ、関心を集め、系統立てるためのフレームワーク

であり、道具セットのことである」と定義している。その他、Anholt（2004）はプレイス・ブランディングを「ブランド戦略および他のマーケティング・ツールを、場所（都市、地域、国等）の経済的、社会的、政治的、文化的発展のために用いること」としている。人口減少、少子高齢化の課題に直面、観光立国を標榜する我が国においても、プレイス・ブランディングは重要な課題である。

　若林・徳山・長尾（2018）は、プレイス・ブランド・サイクルを図 1-3 のように示している。モデルの起点は立地（location）であり、これは意味が明確になっていない物理的な空間である。また、センス・オブ・プレイスとは、その場所に対してどのように意味づけをしていくか、その起点となる「場所に対する感覚」を示す。多様な「アクター」が交わることで豊かなプレイスが形成されていくのであり、その交わりが広がっていくことで、ヒト・モノ・資本・情報がプレイスに集約されていき、強いパワーと存在感を持ったプレイスへと発展していく、としている。同時に、それぞれに目的をもつ多様なアクターがいかに交わっていくかが、プレイスを生み出す上で重要な課題となる、としている。

　企業ブランドとプレイス・ブランドとの類似性は高い。青木（2013）は 2000 年代におけるブランド論の潮流変化を、「企業がブランド価値を創造するという発想から、ブランド価値は顧客を含むステークホルダーとの相互作用によって共創さ

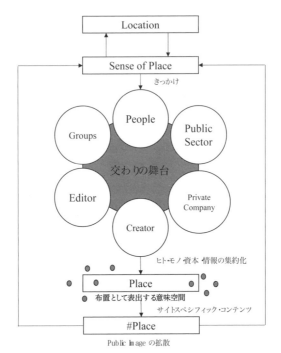

図1-3 プレイス・ブランド・サイクル（若林・徳山・長尾（2018））

れるという発想に変化した」と述べている。企業以上に関与するステークホルダーが多いプレイス・ブランディングにおいて、ステークホルダー間のパートナーシップをどのように構築するか、ということは重要な課題である。ステークホルダーには、地方自治体、地域住民、民間企業、NPO（Non-Profit

Organization：非営利組織）、観光客などが含まれる。プレイスは必ずしも行政上の地域とは一致しないので複数の自治体が含まれる場合も多い。例えば、瀬戸内国際芸術祭の舞台は香川県と一部岡山県の 10 市町である。このような多くのステークホルダーをまとめあげるというのは困難な作業である。ステークホルダー間でのブランド構築に向けた合意形成ができたとしても、継続的な取り組みができず、途中で終わった事例も多い。主体的なステークホルダーがどのように他のステークホルダーとのパートナーシップを構築するか、そのマネジメントが論点となる。

　例えば、2015 年に観光庁が日本版DMO登録制度を創設している。DMOとはDestination Marketing/Management Organizationの略称で観光地域づくり法人とも呼ばれる。観光庁はDMOを地域の「稼ぐ力」を引き出すとともに地域への誇りと愛着を醸成する「観光地経営」の視点に立った観光地域づくりの舵取り役として、多様な関係者と協同しながら、明確なコンセプトに基づいた観光地域づくりを実現するための戦略を策定するとともに、戦略を着実に実施するための調整機能を備えた法人、としている。この定義に基づけば、DMOはプレイス・ブランディングにおけるパートナーシップ構築の主体的な役割を果たす可能性のある組織である。大友（2020）はこれまでの先行研究を踏まえて、DMOの活動を、

　①目標（集客：一人当たり消費額の増加、ROI（Return On

　Investment：投資収益率）の向上）の設定

②役割（地域における自治体等他の主体との関係で）の明確
　化

③目標達成度の客観化：評価指標（KPI）の設定＋組織活動
　の指標（ベンチマーク）化

④目標達成のための各種専門的活動（デジタル・データを十
　分活用したマーケティング・プロモーション・PR 等）

⑤地域との連携（DMO の作成した方針への地域の協力の取
　り付け：ロビー活動、地域の巻き込み等）

としている。また、このために必要な能力として、

①ブランディング・マーケティング能力

②データ収集・解析能力

③情報収集・発信（PR）能力

④財務を理解した経営能力（＋財務基盤）

⑤多様な主体と連携し複雑な組織を運営するマネジメント能
　力

としている。

　若林・徳山・長尾（2018）は、「国家コンサルタントの存在
や資金や強い権限を持つ DMO の存在からもわかるように、欧
米においてはプレイス・ブランディングを行う主体が明確であ
ることが多く、トップダウン型の視点で行うことはスムーズに
理解できる。しかし、TMO（Town Management Organization）
が芳しい成果を上げていない日本において、こうしたトップダ

ウンの視点で、プレイス・ブランディングができるのかはなはだ疑問である」と述べている。日本版DMOが上記能力を有し、プレイス・ブランディングにおける主体性を持つステークホルダーとなるかどうかが課題であることを提起している。

　観光省（2014）の「観光に関する取り組みについて」では、定住人口1人当たりの年間消費額（124万円）は、旅行者の消費に換算すると外国人旅行者10人分（1人13万7千円）、もしくは国内旅行者（宿泊）26人分（1人4万8千円）、もしくは国内旅行者（日帰り）83人分（1人1万5千円）にあたる、としている。これは、地域の人口減少に伴う経済基盤の低下を観光で補完するための数値目標を示しているとも理解できる。

　しかし、観光が地域創生の有益な手法であることに異存はないが、地域住民との共存については考慮すべき点もある。例えば、日本版DMOとして認定を受けている公益財団法人京都市観光協会（DMO KYOTO）ではオーバーツーリズム（観光地に許容範囲以上の観光客が押し寄せること）を課題として挙げている。京都市が行う「市民生活実感調査」における「京都は、市民にとって暮らしやすい観光地である」という質問に対して、「そう思う」「どちらかというとそう思う」と回答した比率は2014年には57.9％であったが、2019年には40.5％まで低下しており[6]、住民生活との調和が課題、としている。実際、

6　京都市『京都市市民生活実感調査』https://www.city.kyoto.lg.jp/sogo/

京都市に行くとバスが混雑しすぎていて乗れない、といった事態に何度か遭遇した。この他、写真撮影、ごみなどのマナー問題が指摘されている。オーバーツーリズムは世界の主要な観光地でも課題となっている。スペインのバルセロナでは 2016 年に 3,400 万人の観光客が訪れた。これは 2012 年と比較すると 25％もの上昇になっており、市民による「反観光客」の落書きが街の至るところに見られた[7]。オーバーツーリズムは一部の観光地の課題とは言え、マナー問題をはじめとする地域との調和は共通の課題である。

　田原、後藤、佐久間（2008）は、地域ブランドの特徴を企業ブランドとの違いから、「地域ブランドは単に主体となる組織や団体の経済的な利益を追求すれば良いというものではない点にある。地域名は誰のものでもなく地域住民全体のものである。従って、地域名を付したブランドである地域ブランドには、地域イメージの形成や地域の活性化などの公共的な問題が関係し、地域住民の関与が不可欠である」と指摘する。プレイス・ブランディングにおいて、重要な課題となるのは主体的なステークホルダーと地域住民とのパートナーシップの構築、すなわち地域の理解といえる。

---

page/0000165862.html（2020 年 11 月 5 日アクセス）
7　CNN（2018）"12 destinations travelers might want to avoid in 2018"
https://edition.cnn.com/travel/article/places-to-avoid-2018/index.html（2019
年 11 月 25 日アクセス）

1-5. プレイス・ブランドと観光

　政府が策定する観光ビジョン実現プログラム 2019 は、「観光は、地方創生の切り札、成長戦略の柱である」から始まっている。2018 年に 3,000 万人を超えた観光客は東京でのオリンピック開催に伴い、2020 年に 4,000 万人の目標を立てている。残念ながら、世界的な新型コロナウィルスの影響、東京オリンピックの延期もあり、目標の達成は困難であるが、観光を柱とした取り組みは今後も継続していくものと考えられる。

　岡山県倉敷市と広島県尾道市は瀬戸内地域を代表する観光地である。2018 年の観光客数は尾道が 428 万 1,000 人、倉敷（美観地区）が 312 万 3,000 人となっている。2003 年からの両地区の観光客数を比較すると図 1-4 となる。

　両市とも 2017 年から 2018 年は大幅に観光客が減少することとなった。これは西日本豪雨災害（2018 年 7 月）の影響といえる。（尾道市 -3.7%、倉敷市 -14.4%）

　2003 年には尾道と倉敷美観地区はほぼ同じ観光客数であった。その後は尾道市の観光客数の伸びが高くなっており、現在では年間 100 万人もの差異が生じている。2008 年頃からのスポーツ車を中心にしたサイクリングブームにより「聖地」とも呼ばれ、自転車を中心としたライフスタイル構築に寄与している。

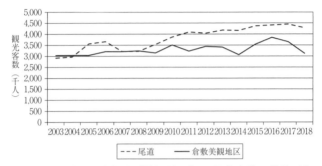

図 1-4　尾道市と倉敷市（美観地区）の観光客数の推移（各市データより作成）

　また、映画のロケ地としての知名度もプレイス・ブランドに寄与している。結果として、観光客の増加に影響があったものと考えられる。倉敷美観地区は大原美術館を中核として、白壁の蔵屋敷、柳並木の風景など情緒豊かな街並みが楽しめる観光スポットである。大原美術館は西洋美術、近代美術を展示した日本最初の美術館であり、2020 年には創立 90 周年を迎えている。

　しかし、人口の推移を見ると、尾道市は人口減少の進み方が速い。倉敷市は 2015 年の国勢調査で 477,118 人であるが、これから徐々に人口減少が進み、2045 年には 432,431 人と推計されている。他方、尾道市は 2015 年の国勢調査では 138,626 人であるが、2045 年には 95,505 人と推計されている。倉敷市は 2045 年の予想人口は 2015 年対比 -9％であるが、尾道市は

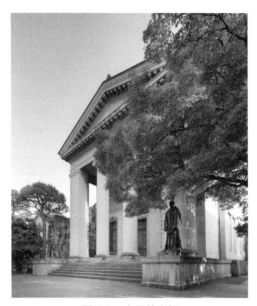

図 1-5　大原美術館

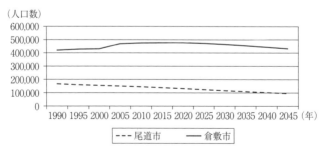

図 1-6　尾道市と倉敷市の人口の推移
（総務省国勢調査及び国立社会保障・人口問題研究所　2020 年
以降は予測）

-31％と減少のスピードは速いことが推計されている。

　尾道市（2015）「尾道市まち・ひと・しごと創生人口ビジョン」では、「尾道市では「宿泊業、飲食サービス業」、「運輸業、郵便業」など観光と関連性があると考えられる産業の特化係数がやや小さい」と指摘している。特化係数は「市の産業Ａの就業者比率」÷「全国の産業Ａの就業比率」により算出される。尾道市では「宿泊業、飲食サービス業」の特化係数が男性0.71、女性0.96となっている。また、「運輸業、郵便業」は男性0.88、女性0.96となっており、いずれも全国水準よりも低い。観光客数の増加と人口減少を考慮すると、観光客数の増加が雇用に簡単には結びつかないことがわかる。

　また、尾道市の製造業を見てみると、従業者数、出荷額ともに伸びている。

　尾道市（2018）「尾道市まち・ひと・しごと創生総合戦略」では、「しごと」と「ひと」の好循環、それを支える「まち」の活性化による人口減少と地域経済縮小の克服を基本的な考え

表 1-1　尾道市の製造業（工業統計調査より作成）

尾道市	従業者数（人）		製造品出荷額等（万円）	
	2005	2017	2005	2017
製造業計	8,032	14,656	36,156,924	59,750,988
プラスチック製品製造業	880	2,322	15,784,710	23,800,306
食料品製造業	1,567	2,713	2,835,395	5,216,215
輸送用機械器具製造業	1,686		9,198,145	

方にしている。尾道市は観光客数も伸びており、製造業の従業員数、出荷額も伸びているが、人口減少のスピードは全国平均よりも速い。日本全体の少子高齢化が進むなか、人口減少の克服は「複雑な問題」である。観光客の増加や製造業の成長も人口減少の歯止めになるとは限らない。多くの地域では地域創生の目的を人口減少の克服としているが、都市部や他地域からの定住人口、人口流入を目的とするのではなく、むしろ、人口減少を前提条件とした交流人口の増加、地域経済の活性化という視点も必要である。

1-6. プレイス・ブランドと外部資源

　プレイス・ブランドが地域の競争力に寄与するものであれば、他地域との差別化となる要素、すなわち核となる地域資源によりブランドが構築される。すべての地域が京都のように長い歴史と文化を背景に固有の資源を多く有し、競争力のあるブランドを構築しているわけではない。文化資源学会の設立趣意書（2002 年）では「文化資源とは、ある時代の社会と文化を知るための手がかりとなる貴重な資料の総体であり、これを私たちは文化資料体と呼びます。文化資料体には、博物館や資料庫に収めきれない建物や都市の景観、あるいは伝統的な芸能や

祭礼など、有形無形のものが含まれます」⁸ としている。このような文化資源の活用はプレイス・ブランディングの一手法である。

　どの文化資源もすべてが地域固有ということではなく、外部から持ち込まれ、長い期間を通じて地域固有の文化資源となったものもあろう。しかし、直島の場合は出発点が1988年であり、現代アートは外部から持ち込まれるか、もしくは、地域住民と共同で新たに構築したものである。ここで、なぜ現代アートであったのかが疑問となる。

　福武總一郎は「瀬戸内海と私」のなかで以下のように述べている。「大都市の抱える問題と、瀬戸内のような地域の現状との矛盾を考えるなかで、瀬戸内の島々の様な、近代化に汚染されていない日本の原風景が残る場所に、現代社会を批判するメッセージ性を持った、魅力的な現代美術を置いたら、地域が変わっていくのではないかという思いを強く抱くようになり、それを実践してきました」。さらに、「直島のお年寄りたちが、現代美術に馴染み、島を訪れる若い人々と笑顔で接してドンドン元気になっているのを見て、幸せなコミュニティとは「人生の達人であるお年寄りの笑顔があふれているところ」と定義することができました。どんな人生であったとしても、お年寄り

8　文化資源学会（2002）設立趣意書 http://bunkashigen.jp/about.html（2020年1月25日アクセス）

は人生の達人であり、彼らは年を取ればとるほど幸せであるべきです」と述べている。つまり、直島における取り組みは地域住民の満足度を高めることが目標であり、現代アートはそのための手段となっている。

　また、直島が世界で一番幸せなコミュニティであり、そのことができるメディアは良質の現代アートである、としている。ここでは、現代アートに関する理由は述べられていないが、直島は海外でもアートの島としての認知度が高い。

　磯貝（2019）では、現代アートが取り上げられる理由として、①投機対象としての経済的価値、②現代アートが「まち」や「地域」との関係性を持ったときに起こる効果への期待、を挙げている。①について、現代アートに取り組むアーティスト及び付随する事業を展開する個人・組織が経済的に困窮するような状況では持続的な発展は見込まれない。アートプロジェクト関連の書籍や論文ではなかなか経済性について議論されることがないが、プロジェクトが定着、将来的にも活動していくためにも経済性の議論は不可欠である。現代アートが取り上げられることが多くなれば、その市場拡大や経済的価値の向上も期待される。②では、地域はそれぞれの課題を抱えており、その問題の解決策の一手法として考えられるということである。これは、多くの芸術祭のミッションの一つとなっており、現代アートを通じた取り組みや新しい発見はプレイス・ブランド構築に資する可能性が指摘できる。

　ブランド論においては、価値の視点から変化が生じている。Schmitt（1999）は、顧客が評価する価値として、モノの価値ではなく、顧客の経験に関する総合的な価値を考える必要性を述べている。ここでは、経験価値は、商品やサービスを購入する過程や使用する過程（経験）から得られる価値であり、顧客が感じる「思い出・印象」が深いほど価値が大きい、としている。また、Vergo and Lusch（2004）はサービス・ドミナント・ロジックについて述べ、マーケティングは有形であるモノとの交換価値から無形である使用価値や文脈価値、すなわち、購買のプロセスも含めた消費や使用といった文脈の中で企業と顧客との共創を重視するようになっている、としている。瀬戸内国際芸術祭では島の自然や人々、建築、現代アートを通じて都市の生活とは異なる「非日常」を経験することができる。これが瀬戸内国際芸術祭の経験価値となり、多くの観光客が訪れている。

　このような背景の一つとして考えられるのは、Randers（2012）は、「私たちはすでに（心の奥底では）、1人当たりの食料や製品の消費がいくら増えても、満足感は高まらないということに気付いている。ひとたび十分な食べ物、暖かさ、安全、快適さが得られれば、たいていの人はより精神的な満足を求め始めるものだ」と述べている。顧客の価値観の変化を表した一例と言える。

　徳永（2013）は、観光、特にブランド・エクスペリエンス

の視点から「ある商品と消費者の関係だけではなく、それを取り巻く環境を含めた中での消費空間の重要性である。地域に転じて考えてみると、一産品と消費者の関係を考える前に、地域がそこを訪れる人にとって「体験の場」であるとの認識が重要になってくる。したがって、エクスペリエンスとは、その地域での体験・経験を通して生まれるブランド価値であり、ブランド・イメージの核となるものである」としている。直島における旅行者と現代アート、自然、現地の人々との交流が体験価値を創出、プレイス・ブランドの構築に寄与していく。

2. 芸術文化のマネジメントとサステナビリティ

　瀬戸内国際芸術祭は3年に一度開催されるアートプロジェクトであり、プレイスブランド構築にも寄与している。アートプロジェクトの特徴の一つとして地域（開催地）との共創が挙げられる。また、アートプロジェクトは地方だけではなく、都市部での開催も増えている。そのミッションを見ると、芸術文化活動を通じた地域課題の発見や解決とするものが多い。つまり、継続して開催する、というのが前提となっている。本章ではアートプロジェクトのマネジメントと持続的に開催する上での課題について考える。

2-1. アートプロジェクト

　現代アートを地域住民と共創し、来訪者に対して体験価値を提供する、ということはどのような変遷を経てきたのであろうか。プレイスブランドを担う地域資源の一つであるアートプロジェクトの観点から整理する。
　熊倉（2014）は、アートプロジェクトは現代美術を中心に、主に1990年代以降日本各地で展開されている共創的芸術活動とし、その特徴として、

①制作のプロセスを重視し、積極的に開示

②プロジェクトが実施される場やその社会的状況に応じた活動を行う、社会的な文脈としてのサイト・スペシフィック[1]

③様々な波及効果を期待する、継続的な展開

④様々な属性の人々が関わるコラボレーションと、それを誘発するコミュニケーション

⑤芸術以外の社会分野への関心や働きかけ

を挙げている。

　その他、吉澤（2019）は、「アートプロジェクト」はアーティストが中心となって地域の人々などと共に制作・実施するもので、2000年以降日本各地に広がった現代アートの一形式、としている。また、アートプロジェクトの要素として、

①作家の単独作業から、多様な参加者による共同製作＝協働

②パーマネントの作品だけではなく、仮設のモノやワークショップを行う

③制作プロセスそのものやその固有性を重視する

④専門的な道具や素材というより日常のなかのものを用いる

の4つを挙げ、「美術館に囲い込まれていた芸術を公共の場に解き放つためというよりは、日常生活や社会のなかに「芸術」

---

1 芸術作品の性質を表し、その場所に帰属する作品や、置かれる場所の特性を生かした作品、あるいはその性質や方法を指す。（熊倉, 2014）

を見い出していく実践」(吉澤，2011) としている。ここでは、日常的に運営しているものをアートプロジェクトとし、期間限定で数年おきに開催される芸術祭とは分けて論じられているが、本章では芸術祭もアートプロジェクトの一つとして取り扱うこととする。

　アートプロジェクトの歴史的な背景として、閉鎖的な空間である美術館で完成された作品に関心が集まっていたものが、それ以外の広場、道路、公園など公共的な空間に設置される作品(パブリックアート)への関心、さらにはサイト・スペシフィックという概念が広まることにより、空間から場へと概念が広がっていった (熊倉，2014)。

　地域における芸術文化への関心が高くなった一因として、1980 年代後半からのバブル景気がある。企業が余剰資金を芸術作品や文化イベントに投資するという活動が見られ、例えば、1987 年には安田海上火災保険 (現：SOMPO ホールディングス)がゴッホの「ひまわり」を約 53 億円で購入した。また、1989 年には財界関係者、芸術文化関係者有志により「芸術文化振興基金推進委員会」が結成され、政府の出資及び民間からの寄付金を原資として、芸術文化振興基金の運用益で文化芸術活動の支援を行っている。

　その他、1990 年には企業メセナ協議会が発足した。メセナとは企業が芸術文化活動支援を行うことである。1988 年から 1989 年のふるさと創生事業では地方交付税から交付団体の市

町村一律に交付、使途が自由であったため、1億円が箱物やモ
ニュメントの建築や製作に費やされることとなった。無駄遣い
との指摘もあったが、地方自治体にとっては文化振興の追い風
であったとも言える。つまり芸術文化活動への資金調達が比較
的容易になっていった。さらに、箱物（ハード）だけではなく、
文化芸術（ソフト）への関心が高くなったのも当然の帰結と言
える。

　その後、熊倉（2014）は芸術を芸術としてのみ考えるので
はなく、まちづくりなど他分野と結び付き、社会の仕組みへ働
きかけるアートプロジェクトのあり方を確立したのは「大地の
芸術祭　越後妻有アートトリエンナーレ」（以下　大地の芸術
祭）であると述べている。大地の芸術祭は3年に1度、越後妻
有（新潟県十日町市、津南町）の里山で展開される。1回目は
2000年に開催され、田畑、民家、廃校などの里山をベースに、
アーティストが手掛けた200点を超えるアート作品が6つの
エリア（十日町、川西、松代、松之山、中里、津南）に常設さ
れている。特徴は760㎢にも渡る広さである。大地の芸術祭、
また、瀬戸内国際芸術祭の総合ディレクターを務める北川フラ
ムはその著書（2014）で、「効率化は都市の特質であり、日本
の都市集中はすべてのものの均質化へと進んでいく」と述べて
いる。この越後妻有では、「最新の情報を最大限に求め、最短
でアクセスするという都市の価値観と正反対であることが重要
である」としている。また、「作品を道しるべに人びとは地域

をめぐる。距離の離れた作品と作品の間を移動する、その過程で体験することが重要なのだ。その距離によって、おのずと目が洗われ、新たな視点で次の作品を見ることにもなる」と述べる。すなわち、作品と作品の間の移動で地域を体験していくことができるということが特徴の一つとなっている。かつて新潟市に在住していたことがあるが、越後妻有地域はアクセスが便利なところとは言い難い。しかもこの広さである。利便性の高い都市とは正反対であり、都市部に住む人々にとっては非日常が体験できる場所となっている。

　また、コンセプトの一つとして「地域・世代・ジャンルを超えた協働」を挙げている。地元住民のみならず、2018 年の 7 回目では、こへび隊と呼ばれるボランティアに 2,742 人、地元サポーター 301 名が登録している。恒久設置作品を含めて 379 点の作品、44 の国からのアーティストの参加、来場者数は 54 万 8,380 人となっており [2]、交流人口の増加を実現したアートプロジェクトとなっている。

　このような取り組みは全国各地で見られ、前述の瀬戸内国際芸術祭以外にも、ヨコハマトリエンナーレ（2001 年から）、あいちトリエンナーレ（2010 年から）、札幌国際芸術祭（2014 年から）、岡山芸術交流（2016 年から）、奥能登国際芸術祭

2　大地の芸術祭ホームページ https://www.echigo-tsumari.jp/about/history/
（2020 年 6 月 25 日アクセス）

（2017年から）などが開催されている。このような芸術祭はプレイス・ブランディングを担う地域資源となりうる。ただし、これらの芸術祭のミッションを見ると、芸術文化を通じた地域の魅力向上、課題発見やその解決としているものが多い。ミッション達成には、持続的に開催していくことが必要となっている。

2-2. アートマネジメント[3]

　次いで、プレイス・ブランディングを担う地域資源であるアートプロジェクトをどのように実行していくかそのマネジメントの観点から整理する。

　文化庁では、「アートマネジメントとは、劇場・音楽堂等や、美術館・博物館・図書館等、文化芸術団体などにおいて、芸術家の創造性、文化芸術を享受する鑑賞者を中心とする地域社会、及びそれらを支えるリソースとの連携・接続を図ることにより、文化芸術の創り手と受け手をつなぐ役割を指すもの」としている。幅広い領域での役割が期待されているようであるが、対象や目的がわかりにくい。また、「（アートマネジメントは）「文化芸術経営」とも言い換えることができる」とも述べ

3　様々な芸術分野のマネジメントであり、アーツ・マネジメントとも呼ばれるが、本書ではアートマネジメントとする。

ている。アートマネジメントは英語ではArt(s) managementも
しくはArt administrationという呼称であり、文化芸術経営とも
解釈できよう。ただし、文化庁第5期文化審議会文化政策部
会（2007）の議事を見ると、「アートマネジメントという言葉
は十分根付いておらず、わかりやすい言い換えを検討すべきで
はないか」[4]という論点も出ており、まだ新しい概念であるとさ
れている。

　田中（2017）は、そもそも芸術活動は人間に関わるもので
あると同時に、社会とも関わるものである。それゆえ、芸術活
動が社会において、持続的に行われるためには、その芸術活動
をマネジメントするアートマネジメントが必要である、としてい
いる。

　さらに、アートマネジメントとは、アーティストや芸術作品
といった芸術の活動と鑑賞する公衆や社会との間をつなぐ媒介
の機能を担い、

　①芸術家を顧客に紹介する。

　②芸術家が特定の社会で生活できるようになる。

　③社会自体が持つ潜在能力の向上を支援する（参加支援、観
　　客教育、職業芸術家の発掘と訓練）。

と述べている。芸術は、社会や地域、コミュニティにおいて、

4　文化庁『アートマネジメント人材等の育成及び活用について（論点整理
案その2）』https://www.bunka.go.jp/seisaku/bunkashingikai/seisaku/05/05/pdf/
siryou03.pdf（2020年10月25日アクセス）

既成概念に囚われず、新たな価値観や方法論を呈示する可能性を秘めている。しかし、アーティスト自身が自覚的でない場合が多いので、アートマネジメントの領域が芸術のさらなる領域を考え、結果として社会全体の潜在能力の向上につながる、としている。

　そもそも、ドラッカー（1999）はマネジメントを「組織に成果をあげさせるための道具、機能、機関」と定義している。組織の目標を設定、組織の資源（ヒト、モノ、カネ、情報）を活用して目標を達成、持続的に発展させていくことである。島田（2009）は、「（マネジメントは）営利・非営利を問わず、あらゆる組織が目的を達成し成果を上げていくためのものである。非営利組織にとっては、ミッションを成果へと転換し、社会に貢献していくために不可欠である」としている。

　企業のミッションは、その企業の根本的かつ長期的な目的のことである。ミッション・ステートメントという形で文章化されていることが多い。従業員に理解され、仕事に方向性と目的を与え、意思決定を支える[5]。さらに中期経営計画と達成する期間を定め、目的を具体化し、達成度を確認しながら長期的な目的に向かっていく。ミッションを達成するためのマネジメント

5　企業がかくありたいこと、そして広い意味で、企業が究極的に達成したいと願っていることをビジョン。ビジョンは企業のミッションの基礎となり、ミッションは企業が競争しようとしているビジネスと、対象とする顧客を明確に特定することである。（Hitt, 2014）、など多様な定義がある。

という観点では、営利、非営利を問わず共通な点は多い。ただし、営利企業であれば持続的な発展のために経済的価値が重要な目標であり、数字により検証できることも多いが、芸術祭は収益性を必ずしも求めておらず事業評価の視点は課題となる。例えば、瀬戸内国際芸術祭であれば、「海の復権」を目的（＝ミッション）として挙げ、「島のおじいさんとお婆さんの笑顔を見たい」としている。そのためには、人が訪れる"観光"が島の人々の"感幸"でなければならず、この芸術祭が島の将来の展望につながって欲しい、としている[6]。観光が感幸である、ということを測定・評価するのは難しいテーマであるが、地域住民の幸福度は芸術祭の評価視点である。

　また、新・国際芸術祭（仮称、あいちトリエンナーレを継承する芸術祭、次回は 2022 年）では、

　　・新たな芸術の創造・発信により、世界の文化芸術の発展に
　　　貢献します。
　　・現代芸術等の普及・教育により、文化芸術の日常への浸透
　　　を図ります。
　　・文化芸術活動の活発化により、地域の魅力の向上を図りま
　　　す。

ということを開催目的（ミッション）としており、これは多く

---

6 瀬戸内国際芸術祭ホームページ https://setouchi-artfest.jp/about/mission-and-history.html（2020 年 10 月 25 日アクセス）

の芸術祭でも共通する点が多い。

　芸術祭であれば、実行委員会等の運営組織がミッションを設定している。企業とは異なり、実行委員会には企業や自治体など多様な組織から人材が参画しており、兼務で取り組んでいる場合も多く、組織運営が難しい点が指摘できる。また、芸術祭では、総合ディレクターと呼ばれるアーティストが全体の方向性を考え、個別のアーティストが作品の制作やプロジェクトマネジメントを行うため、外部への権限委譲が他の組織に比べて多いことも指摘できる。つまり、芸術祭のマネジメントは個々の芸術作品に関与することはそもそも少ない。全体の方向性を総合ディレクターとともに作り上げていくとともに、アーティストと地域住民との橋渡しを行うことがマネジメントにおける重要な点となる。これは企業が顧客に提供する製品やサービスを直接コントロールするのとは異なる点である。

　企業では目標達成するための管理システムとして PDCA（Plan, Do, Check, Action）に代表されるマネジメントサイクルを回していくことが多い。このような取り組みはアートマネジメントにおいても有益な手法である。民間企業であれば、営業利益、当期純利益、ROE（Return On Equity：自己資本利益率）、ROA（Return On Assets：総資産利益率）といった数値指標を中期経営計画で設定した目標と比較することにより定量的に検証できるが、収益を目的としないアートマネジメントにおいては会期毎の評価尺度が難しい。2014 年の札幌国際芸術祭の事

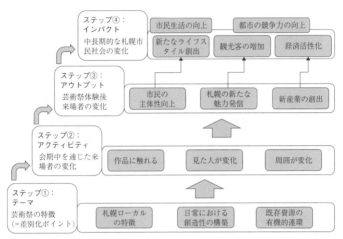

ステップ④：
インパクト
中長期的な札幌市
民社会の変化

市民生活の向上　　都市の競争力の向上

新たなライフス　観光客の増加　経済活性化
タイル創出

ステップ③：
アウトプット
芸術祭体験後
来場者の変化

市民の　　　札幌の新たな　　新産業の創出
主体性向上　　魅力発信

ステップ②：
アクティビティ
会期中を通じた来
場者の変化

作品に触れる　　見た人が変化　　周囲が変化

ステップ①：
テーマ
芸術祭の特徴
（＝差別化ポイント）

札幌ローカル　　日常における　　既存資源の
の特徴　　　　創造性の構築　　有機的連環

図2-1　札幌国際芸術祭のロジックモデル（札幌国際芸術祭事業評
　　　価検証会報告書2014）

業評価検証会報告書では、目的と効果の間のストーリーを細分
化、論理的に体系化することで、途中の各過程での事業価値の
検証を行い、初期目標で達成した点、改善が可能な点等を明確
にすることを試みており、このような評価手法は興味深い。
　ストーリーは芸術祭の戦略とも言える。戦略については数多
くの定義があるが、例えば、Barney（2003）は「いかに競争
に成功するか、ということに関して一企業が持つ理論」とし、
伊丹（2003）は「市場の中の組織としての活動の長期的な基
本設計図」としている。前者は企業を対象としたものであるが、
一般的に戦略は組織が目的を達成するための道筋といった解釈

ができる。道筋を間違えれば目的には到達しない。

　芸術祭は長期的な開催を前提としたプロジェクトである。ビエンナーレ（2年に一度）、トリエンナーレ（3年に一度）と称する芸術祭が多いが、継続的に実施することが前提である。例えば「海の復権」というミッションは瀬戸内国際芸術祭を一度開催すれば達成できるものではなく、長期に渡る積み重ねであり、永久的に追求する目標でもある。しかし、その戦略が間違っていれば修正が必要である。したがって、会期毎に検証し、ステップ間の因果関係を理解する必要がある。ステップ間の因果関係が変化してくるのであれば、ストーリー（＝基本設計図）の見直しが必要となる。その点においてもストーリーの検証には工夫が必要となる。都市で主催される芸術祭の担当者は、芸術祭の評価指標は難しいと述べていた。来場者数と経済効果[7]については観光による地域創生の視点から重要な指標とされている。多くの観光客が訪れることは、芸術祭が魅力的であるという証左の一つである。また、観光客と地域住民の交流は経済的な側面も含めて、地域創生の取り組みである。来客数や経済効果といった定量的な評価が得られるものはわかりやすい。しかし、芸術祭では観光客を増やすということだけが目的

---

7 ある出来事（この場合は芸術祭）が起こることで、国や地域に経済的なプラスがどのくらいあるかをシミュレートして金額で示したもの。（総務省統計局ホームページ https://www.stat.go.jp/dss/course/901.html （2020年11月10日アクセス））

ではなく、芸術文化が地域に浸透し、地域の新しい魅力を発見
し、課題解決をも目指している。そのため、地域住民が芸術祭
を通じてどのように感じたか、ということを検証する必要があ
るが、評価指標の設定が難しい。つまり、観光と地域住民の両
方の視点を評価していくことが持続的に芸術祭を運営していく
上で必要とされる。しかし、後者の視点を評価することがマネ
ジメントサイクルを展開していく上での課題となっている。評
価できなければ、チェックすることが困難となり、その後のア
クションについても不明確となる可能性がある。例えば、札幌
市における観光による地域創生という視点では、札幌国際芸術
祭よりも 240 万人を超える観光客が訪れる「さっぽろ雪まつ
り」の方が影響は大きく、観光客や経済効果が強調されれば、
芸術祭の役割が過小評価されてしまう。

　多くの国際芸術祭の報告書では、地域住民に対してアンケー
トを行っている。ただし、地域住民のアンケートの結果が芸術
祭のミッション実現とどのように結びついているか分析してい
るものは少ない。その観点からも、目的と効果の間のストー
リーを細分化、ロジックモデルを構築し評価を試みている札幌
国際芸術祭事業評価検証会報告書（2014）は興味深い。ここ
では、会期中と会期後の社会で何が達成されたのかを検証し、
改善への道筋を継続的につけていくことが重要である、とも述
べている。

　しかしながら、2017 年度の報告書ではこの評価手法はなぜ

か使われていない。ロジックモデルは具体的なプログラムから出発するため、最終的な目的に照らして当該プログラムのあり方が最適か否かを判断できず、プログラムの自己正当化に陥りやすい、といった指摘もある（文化庁，2020）。しかし、ミッションを明確にすることを出発点として、どのようなプログラムが必要か遡って検討することも可能である。また、ミッション達成のためにはストーリーの見直しも必要である、という視点からロジックモデルを再構築するなど工夫することにより活用できるのではなかろうか。

　我が国のアートマネジメントの定義を見ると、経済性について言及しているものがなぜか少ないが、国や自治体が資金の多くを拠出するアートプロジェクトでは、説明責任の観点からもミッション実現に向けたストーリーとその実現度合いを評価する取り組みは不可欠である。多くの芸術祭の報告書を見ると、地域住民や観光客のアンケートを掲載しているが、ミッションとの関連性についてはわかりにくく、その評価手法は課題となっている。

　札幌国際芸術祭では3つのテーマが掲げられている。1つ目の「札幌ローカルの特徴」は、札幌において、新しい価値の発見を、文化を通して実現する、と述べられている。2つ目の「日常における創造性の構築」については、創造都市を目指し、札幌国際芸術祭の開催を通して、市民・自治体地域の様々な人材が新たなネットワークを構築し、築かれたネットワークによ

りコミュニティが抱える課題や将来の方向性について幅広く議論が行われること、また、何らかの創造的な活動に主体的に従事することが目標とされている。3つ目の「既存資源の有機的連関」については市民が力を合わせて身の回りの環境や資源を関連させながら新しい視点で活用し、街の明日をいっそう快適に、楽しいものに変えていく創造性を獲得していくことが目的とされている。札幌のような「都市」と越後妻有のような「地方」とは抱える課題は異なっているものの、芸術祭の目的とするところは共通項が多く、プレイスブランド構築に資する取り組みを目指している。数年に一度開催される芸術祭でミッションを実現するために会期毎にどのように総括し、次の開催につなげていくかは課題となっている。

　芸術祭の担当者からはアートマネジメントに関して以下の3点が指摘された。

　①ディレクション

　②アーカイブ

　③マーケティング

　ディレクションについては、アートプロジェクトの方向性を総合ディレクターと考えていくとともに、アーティストと地域住民との橋渡しを行うことである。ここではボランティア（サポーター）の運営も含まれる。アーカイブとはこれまでアートプロジェクトにおいてどのような意思決定、判断がなされてきたかという記録である。また、作品がサイト・スペシフィック

な場合は、作品がそこに置かれた理由や製作プロセス、アーティストの発言を記録しておく必要がある。わからなくなると作品そのものの持続性がなくなってしまう。美術館の役割として、博物館法の第2条に作品の保存がある。アーカイブは作品の保存、といった取り組みとも言える。

　企業であれば自社の製品やサービスを顧客に提供するが、アートプロジェクトはアーティスト、地域住民、ボランティアなど多様な人々により創り上げる取り組みである。したがって、地域住民とともに創り上げるアートプロジェクトにおいては、地域住民の理解を得ること、がマネジメントにおいては重要な取り組みとなる。

　西沢（2010）では、「近代以降、建築物は、機能別、タイポロジー別に設計するのが当たり前になって、都市と建築があたかも別々に扱われるべきものであるような感じになりましたが、そもそもそれらは一体のものだった。アートも、彫刻にしても、もともとは美術館やお寺やお屋敷、通り、橋などの都市建造物と一体だったし、家具や什器、インテリア、小物、そういうものとアートは一体でしたから、都市とアートと建築が融合するのは、ある意味では最も自然な状態だと思います」と述べている。ベネッセアートサイト直島においても「自然＋景観＋アート＋建築＋島の歴史や人々の営み」をそのコンセプトにしている。これは都市で実現することは困難であり、瀬戸内の島々で展開されるベネッセアートサイト直島や瀬戸内国際芸術

祭の差別化、競争力となっている。マーケティングにおいては
この取り組みをステークホルダーに伝えていくことが重要とな
る。

　加えて、資金調達の重要性を指摘したい。アートプロジェク
トは収益を目的とはしていないが、収支を考える必要がない、
ということではない。「赤字にならない」ということを前提と
したマネジメントに取り組む必要がある。芸術祭の主要な資金
の出し手は公共であるが、赤字を出した場合は補正予算を組む
必要があり、その手続きは簡単ではない。予算の確保、また、
決められた予算の中でどのように創り上げていくか、というこ
ともマネジメントに課せられた業務である。

2-3. アートプロジェクトのステークホルダー

　近年、企業経営におけるCSR（Corporate Social Responsi-
bilities：社会的責任）の重要性が高くなっている。これまでは
「CSRイコール本業とは関係のない社会貢献という理解」で
あったが、企業の社会的役割が変化、すなわち、社会と企業の
共存が持続的な経営には不可欠となり、株主、従業員、顧客、
取引先、地域社会、行政、NPO、環境団体とそのステークホ
ルダーは拡大かつ深化している。芸術文化の分野においても、
空間として閉鎖的な美術館から屋外という開放的な芸術祭に
広がることによりそのステークホルダーは広がっている。竹内

（2011）は、ヨーロッパ諸国においては、かつて美術品収集等が富裕層の特権であった時代から、革命の歴史を通じて市民が「アートを享受する」という公共性を獲得してきた。しかし昨今は、「アートと社会との接続、アートによる人と人との接続を指向しているように見える」としている。また、「空間」と「時間」の共有を視点としてアートの公共性について図 2-2 のように示している。

　A　「美術館による従来的なアートマネジメント」は「空間」

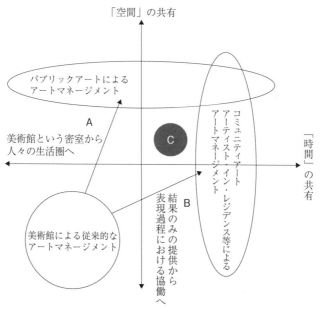

「空間」の共有

パブリックアートによる
アートマネージメント

A

美術館という密室から
人々の生活圏へ

C

コミュニティアート
アーティスト・イン・レジデンス等による
アートマネージメント

「時間」の共有

結果のみの提供から表現過程における協働へ

B

美術館による従来的な
アートマネージメント

図 2-2　アートの公共性（竹内（2011））

としては閉鎖的である。アートを展示する「場」は、次第に市民の生活圏へと広がっていった。

B 市民の生活圏へとアートを広げても結果としての作品を提供するだけでは、アートが市民のものとはならない。したがって、表現過程という「時間」を共有することがアーティストからも市民からも求められることとなった。

C A・Bの両者が重なる領域は、公共性の高いアートマネジメントが期待できる。しかし、Cの領域はアーティストからも市民からも意外に見過ごされており、小規模の地域、限定的な期間であるからこそ保障できる公共性があると考えられる。

　前節で述べた芸術祭型のアートプロジェクトは時間と空間の共有という観点からCが属する象限すべてがカバーされるとも考えられる。また、吉澤（2019）で述べられているアートプロジェクト、例えば、取手アートプロジェクト（茨城県取手市、1999年から）、ブレーカープロジェクト（大阪市浪速区・西成区、2003年から）、黄金町バザール（横浜市中区、2008年から）などはCの領域の取り組みとも言える。

　閉鎖空間型の美術館も地域住民や観光にとっても重要な地域文化資源であるが、アートプロジェクトによる空間、時間の共有に伴い、ステークホルダーが増加すると同時に関係性も濃密になる。地域住民との共創は多くの芸術祭でテーマとなっている。

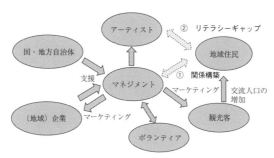

図2-3　アートプロジェクトのステークホルダー

①地域住民の理解

②アーティストと多くの地域住民の間の芸術に関するリテラシーギャップの2点はマネジメントにおける課題と言える。まず、①については、空間の共有に伴い地域住民との関係性が深くなるが、アートプロジェクトを鑑賞しないし、アーティストと作業もしない、という住民に対しても理解してもらわないといけない。すなわち、地域住民でも「参加する」ものと「参加しない」ものに分けられ、主催者やアーティストは異なるアプローチが必要となる。また、都市と地方で開催される芸術祭の違いの一つとして、都市部は人口が多いために交流人口の地域住民に対する影響が小さい。例えば、人口が370万人を超える横浜と3,000人強の直島では芸術祭の地域に与える影響はまったく異なる。さらに、屋外に展示される現代アートは街の風景との調和が前提であるが、周辺のビルや店舗が変化することも多い上に、アートとの調和を意識されることも少ない。他

方、地方で開催される芸術祭では交流人口の増加に伴い、参加、不参加を問わず地域住民の「日常生活」に影響を与える。

次いで、②については、例えば、自分の芸術に関する能力を考えると、アーティストと共に何か創っていけるとは正直考えにくい。このように参加したくても二の足を踏む地域住民は多いのではなかろうか。もちろん、アートプロジェクトを鑑賞することも一つの参加であるが、多くの国際芸術祭では地域住民のより能動的な参画を期待している。例えば、札幌国際芸術祭2017の開催報告書には、ゲストディレクターの大友良英が札幌市からの唯一のリクエストが「市民とともにつくってほしいと言うことでした」とした上で、「市民とやる・・・と言う依頼は、考えれば考えるほど定義が難しい。（中略）誰でもウェルカムということではなく、まずは最初にわたしのディレクションについて正確に伝え、それでもやりたいという人は拒まずに、大人、子供、プロ、素人にかぎらず、なるべく組んでいこうということでした」と述べている。アーティストを中心としたマネジメントの難しさ、と言える。

また、ボランティア（サポーター）もステークホルダーとしての重要性が高い。瀬戸内国際芸術祭は直近2019年に開催され、次回は2022年が予定されているが、ボランティア組織のこえび隊に対しては定期的に連絡が届く仕組みが構築されている。2020年も情報紙である「こえび新聞」が発行され、「こえび通信」というメールマガジンは23回発行されている。これ

は、必要に応じてボランティアを招集するだけではなく、ボランティア組織を恒常的に運営していくための仕組みとなっている。すなわち、ボランティアのステークホルダーとしての位置付けは大きい。芸術祭の運営において、トップダウンで取り組むアーティストと、ボトムアップで取り組むボランティアや地域住民の両方がうまく機能しなければ地域における共創は実現できない。

2-4. アートプロジェクトのサステナビリティ

　2000年以降、様々なアートプロジェクトが実施されているが、ミッションを達成するためは、アートプロジェクトを持続的に開催していくことが必要である。一回開催しただけで、アートプロジェクトのミッションが達成された、ということはない。

　アートプロジェクトが前述の通り、「美術館に囲い込まれていた芸術を公共の場に解き放つためというよりは、日常生活や社会のなかに「芸術」を見い出していく実践」（吉澤, 2011）とすれば、日常生活や社会での関わり合いを持つ地域住民の理解と参加が不可欠である。また、（外部）来場者に向けたプログラムの展開、さらに、アートプロジェクトプロジェクトの経済性の担保の3つの観点から持続的にアートプロジェクトを運営する上での課題について考察する。

（1）地域住民の理解と参加

　都市の芸術祭の主催者に、どのように地域住民にアプローチするか訊ねたところ、まず県や市への相談と了解を得る。その後は地域の経済団体やその主要メンバー（企業）に個別に話をする。その他の組織、例えば、町や村といった自治体、NPO等の団体への相談まではどこまでやるかは判断が難しい、との回答があった。

　多くの芸術祭では実行委員会の会長や委員長は県や市の首長がなっていることが多い。費用についても県や市が負担することが多いため、県や市との合意形成が最優先となろう。同時に県や市が主催者の中核となり、定期的かつ持続的に継続していくことにより住民の理解が深くなるという側面もある。経済団体と話をするのは経済的な支援という側面もあるが、開催地域で事業を展開する企業はステークホルダーであり、芸術祭開催における理解・協力は不可欠である。2017年のヨコハマトリエンナーレでは地元で事業を展開する企業を中心に25社が特別協賛・協賛企業として参画している。

　小泉（2012）は、「アートプロジェクトは、地域の過疎化や疲弊と行った社会問題、あるいは福祉や教育問題など、さまざまな社会・文化的課題へのアートによるアプローチを目的としながら展開している文化事業、ないし文化活動である」と述べる。例えば札幌国際芸術祭であれば、前述の通り、札幌において、新しい価値の発見を、文化を通して実現するということが

テーマの一つとして掲げられているのだが、札幌、横浜、名古屋という都市と瀬戸内の離島では地域が抱える問題も異なっている。

　日本で地域と芸術が接点を持つ契機になったのが、1960年代に始まった屋外への彫刻の設置とされている。その後、1980年代に入ると、急激に彫刻のある街づくりを実施する自治体が増加したが、すでにある街に芸術作品を付け足すという感の強い取り組みとなり、場所の選定や作品の規模をはじめ様々な問題が出てくることになる。例えば、裸婦像を公園などの公共空間に展示するだけでは、不快感を示す市民が出現する。結果として、街づくり、都市計画の中に最初から折り込んでいく道が検討するようになる（宮本，2017）。地域住民にはアートプロジェクトを鑑賞、共同制作に参加する人もいるが、まったく参加しない人もいる。作品が屋外で展示されれば、参加しない地域住民とも空間を共有することになり、アートプロジェクトの主要なステークホルダーとなる。そもそも、地域住民全員の合意を取ることは不可能ではあるが、地域住民の理解と参加はアートプロジェクトには不可欠である。

　岡山県岡山市東区の犬島は本土側の宝伝港から船で10分程度に位置している。外周が4km程度であり徒歩で回ることができる。ここはベネッセアートサイト直島の拠点の一つである。採石業、銅の精錬、化学工業が犬島において盛衰した3大産業として挙げられる。銅の精錬所は1909年に新設された

が、わずか10年後に休業し、再稼働することはなかった。この精錬所の遺構を保存・再生したのが犬島精錬所美術館である。「在るものを活かし、無いものを創る」というコンセプトで、既存の煙突やカラミ煉瓦、自然エネルギーを利用した環境に負荷をかけない建築と、現代アート作品、植物の力を利用した水質浄化システムを導入、「遺産、建築、アート、環境」による循環型社会を意識したプロジェクトとなっている。この美術館の出口に来た時に、島の方（87歳）から、精錬所と島の歴史について話を聞くことができた。この方は美術館にパートタイムとして採用されており、この話も美術館体験の一つとなっている。子どもの頃にはすでに閉鎖されていた精錬所であるが、どのように遊んできたか、島の住民にとってどのような位置づけであったか、様々な話を聞くことができた。話を聞いていると、美術館が地域に受け入れられている様子がわかる。

　また、犬島にはかつて建っていた民家の瓦屋根などをアートプロジェクトに活用しているもの（家プロジェクト）が5邸ある。犬島は最盛期には5,000〜6,000名が暮らしていたが（1900年前後）、2020年現在で住民は40名であり、平均年齢も75歳を超えている。また、小中学校は1992年に廃校となっている過疎地域である。かなり老朽化した空き家も多い。このような風景と家プロジェクトというアート作品の組み合わせは街並みとして印象深いものとなっている。

　日本は6,852の島嶼により構成されており、このうち本州、

図 2-4　犬島精錬所美術館（写真：阿野太一）

北海道、九州、四国及び沖縄本島を除く 6,847 島が離島であり、2012 年 4 月 1 日現在で、犬島を含む 254 島の有人離島が離島振興法[8]による振興対策実施地域に含まれている。岡山市による犬島地域振興計画では、「住民の安全・安心で快適な暮らしとのバランスを保ちながら、文化・芸術の島として、芸術活動の継続やイベント開催などへの支援を通じ、交流人口の増加や犬島への関心の醸成など、島の活性化に結びつけていく」としており、アートプロジェクトがインフラ整備と共に島の政策の中核となっている。商店が一つもなく、週に一回診療所に

8 1953 年に制定。10 年間の限時法でその後も 10 年毎に改正・延長が行われている。離島振興法の一部を改正する法律（2012 年）の成立を受け、2013 年に施行、2023 年までの期限となっている。

医者が来る離島と都市では地域の課題がまったく異なる。アートプロジェクトはこのような複雑で地域によって異なる課題を解決ための一手法として期待されているのである。

　犬島の場合は、これまで様々な産業を受け入れてきたという歴史もあり、地域住民のアートプロジェクト受け入れに対する理解も高かったようである。また、運営する財団の方に話を聞くと、新型コロナウイルス感染症の影響で一時期は閉館していたが、再開館の際にも住民は比較的理解があったとのことである。アートプロジェクトを展開する上で、歴史・文化を踏まえた地域性という観点は無視できない。すべての地域がアートプロジェクトを受け入れるとは限らず、時間がかかる場合も多い。瀬戸内国際芸術祭は 100 万人を超える来場者数、予算規模でも国内屈指のアートプロジェクトであるが、1986 年以来ベネッセアートサイト直島として持続的に地域と共に取り組んできたからこその成功例である。

　また、地域住民の理解を得る上で不可欠なのが運営団体である。アートプロジェクトでは地域社会で活動が展開され、地域住民が当事者としてアーティストと共に取り組んでいる。地域住民と密着して、その問題や課題を理解しながら、アーティストとの橋渡しを行ってアートプロジェクトを実践していくのは運営団体のマネジメントとなる。このマネジメントがアーティストと地域住民の芸術・文化におけるリテラシーのギャップを埋める役割を果たす必要がある。運営団体がアートプロジェク

トの中核となり、総合ディレクターを含めたアーティストの選定、資金調達、ボランティアの管理、地域住民への説明やプロジェクトへの参加要請、アーティストとの調整、来場者に向けたプログラムの提供などマネジメントの領域は広い。

(2) 来場者に向けたプログラムの展開

　犬島精錬所美術館の作品の一つに三島由紀夫が生前に住んでいた東京都渋谷区松濤の家の一部を再利用した作品がある。鑑賞した際も説明を受けるまで三島由紀夫に関連がある作品だとはまったく気がつかなかった。現代アートに限らず、例えば、大原美術館にあるエルグレコの「受胎告知」を鑑賞した際も、宗教的、歴史的背景もわからないままでもそれなりに感じるところはあるのだが、高階（2018）『《受胎告知》絵画で見るマリア信仰』を読んでその背景を少しでも理解してから鑑賞すると印象が異なる。芸術文化の鑑賞法は多様であり、多種多様な来場者のアートプロジェクトへの経験価値を向上させるために多様な鑑賞プログラムを提供することが重要である。

　岡山芸術交流は、岡山市で 2016 年から 3 年毎に開催される国際芸術祭であり、2 回目は 2019 年に開催され、岡山城・岡山後楽園周辺エリアの様々な歴史文化施設を会場としている。瀬戸内国際芸術祭と開催時期が重なっていることもあり、観光の視点からは相乗効果も期待できる。幸いにして学芸員の方と一緒に会場を回る機会を得た。自分自身の芸術・文化に対する

理解力の制約から、解説がなければほぼ理解できない作品も多かった。プロジェクトを自由に鑑賞して自分なりに感じることも一つの鑑賞法であるが、背景や解説を聞きながら鑑賞するのも一手法である。多くの美術館では音声が聞ける器具の貸し出しを行っている。直島でも専門家の方と一緒に回る機会があったが、屋外の風景である直島の自然とどのようにそれぞれのアートがつながっているか解説を聞くと、また、違った見方ができるようになった。サイト・スペシフィックな作品が多いため、解説のあるなしでは印象がまったく異なるのである。

　岡山芸術交流では現代アートの展示のみならず、開催期間の前後も含めて地域住民や観光客を対象とした多様なワークショップが開催されていた。例えば、展覧会や作品に関わる対話型鑑賞や子どもナビゲーター[9]。岡山の文化資産を巡るツアー。様々な分野の専門家によるトークセッションなどである。地域住民や他地域からの来場者のアートに関するバックグラウンドは様々であり、現代アートをどのように楽しむかも様々である。このようなワークショップに参加することにより展示されている作品に対する印象や芸術祭への楽しみ方も変わってくる。また、ワークショップへの参加も芸術祭の楽しみ方となっている。

　対話型鑑賞はもともと 1980 年代にニューヨーク近代美術館

9　子どもが大人とともに対話型鑑賞の手法を通じて芸術祭を鑑賞するもの。

（Museum of Modern Arts: MoMA）で開発されたVTS（Visual Thinking Strategy）という教育カリキュラムが基になっている。美術の知識をもとに鑑賞するのではなく、ファシリテーター（司会役）を中心にして、作品を観たときの感想や、そこから想像されることなどをもとにして、グループで話し合いをしながら、対話を通じて鑑賞が行われるものである。近年では多くの美術館で導入されているが、アート鑑賞を通じた観察力、批判的思考力、コミュニケーション力といった論理的思考だけでは得られない直感や感性を伸ばす方法としてビジネスの世界でも導入が進んでいる。大原美術館で対話型鑑賞の機会を得たが、作品に対する印象が広がった。「人物画の皮膚の色は何色ですか？」「陶器のこの模様はどのような手法で描いたか想像できますか？」等の質問がファシリテーターから来るが、普段鑑賞している時にはなかなか考えていない視点を提示され、参加者と共に議論することにより、鑑賞の新しい視点を得ることができる。すなわち、経験価値の向上に繋がる。

　このようなプログラムの提供はアートプロジェクトに対する来場者の経験価値を高めるだけではなく、「作品に親しむ」来場者とアーティストと共に「作品を共創する」地域住民にとっても不可欠な取り組みである。

(3) アートプロジェクトの経済性の担保

　アートプロジェクトを持続的に取り組んでいくことがそのミッション実現のためには必要である。アートプロジェクトは収益性を目的とはしていないが、持続的な取り組みのためには経済的に維持できることが不可欠である。赤字が続けばアートプロジェクトは維持できない。しかし、国内のアートマネジメントの文献では経済性について言及したものが不思議なくらい少ない。

　アートマネジメントはアーティストが自由に表現できる環境を作り上げ、ミッションの実現を目指すと共に、予算内で効率よく資源を活用して運営することが必要となる。営利企業の場合は企業価値の向上という将来の収益性が一つの評価基準となっており、定量的な評価指標が重視される。アートプロジェクトの場合収益は目的ではないものの、プロジェクトの持続性を担保するために主催者や支援者から託された資金が効率的に活用され、財務基盤の安定性を評価する必要がある。海外の教育機関のアートマネジメントのプログラムを見ると、経営管理学（ビジネススクール）の手法を適用したコースが取り入れられているのもそのためであろう。

　法人組織であれば財務評価に関しては、会計基準として定め

られている。営利企業であれば会社法と金融商品取引法により一般的に公正妥当だとされる企業会計の慣行[10]に従う、と定められている。芸術祭の場合は特に会計基準があるわけではなく、収入と支出が掲載されているものがほとんどである。そのため、財務的な視点で芸術祭の持続性を検討する上では、①収入の内訳がどのようになっているか、②適正な支出がされているか、ということになる。特に①は課題と言える。

　札幌国際芸術祭 2017 では[11]、5 億 6,334 万 2,000 円の総収入のうち、その 63％が札幌市負担金であり、28％が国等助成金となっている。チケット・グッズ等収入はわずか 6％であり、ほとんどが公的負担金である。

　また、ヨコハマトリエンナーレ 2017 の収入を見ると[12]、9 億5,696 万 8,000 円の総収入のうち、その 52％が横浜市負担金であり、19％が文化庁補助金となっている。入場料等収入は19％に達しているが、やはりほとんどが公的負担金となっている。

　営利企業が事業を展開する場合はモノやサービスを提供する

10　日本会計基準、米国会計基準、IFRS（International Financial Reporting Standards：国際会計基準）、J-IFRS（日本版 IFRS）が挙げられる。
11　札幌国際芸術祭 2017 開催報告書（https://siaf.jp/2017/media/2018/03/siaf2017-report.pdf）（2020 年 10 月 15 日アクセス）より作成。
12　ヨコハマトリエンナーレ 2017 記録集（https://www.yokohamatriennale.jp/archive/record/docs/YT2017doc_J_web.pdf）（2020 年 10 月 15 日アクセス）より作成。

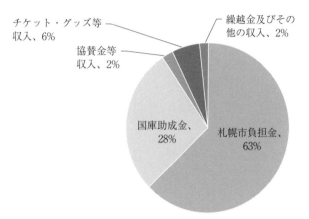

図 2-5　札幌国際芸術祭 2017 収入内訳

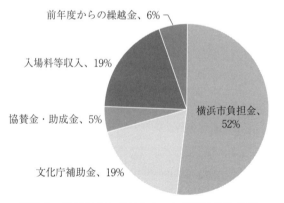

図 2-6　ヨコハマトリエンナーレ 2017 収入内訳

顧客から対価をもらい、費用を差し引きして利益を出す。そもそも芸術祭のミッションは収益性ではない。しかし、入場料や関連する物販の販売で費用を賄えることもないのであれば、不足する収入をなんらかの形で資金調達する必要がある。小林他（2009）は「今日、芸術は一部の金持ちの慰みものでないことはもちろん、また市場で流通する消費材でも私的な余暇活動でもない、広く社会的環境の形成に関わる社会サービスの一つと見なされ、そうした社会性獲得の経営戦略として、それは位置づけられている」としている。このような芸術文化の公益性を考えれば、国や市の支援が不可欠である。しかし、地方財政については①長期債務累積による深刻な財政危機、②地域経済の格差の増大など直面する課題も多い[13]。国・地方の財政の要因が持続性のリスクとなっている。現状では公的負担金以外の企業等からの寄付は札幌で2％、横浜で5％となっており、資金調達先としての比率としては極めて小さい。国・地方の財政問題については長らく議論になっているが、2020年からの新型コロナウイルス感染症対策に伴い、財政問題の悪化は避けられない。芸術祭における支出の適正化についても検証は必要であるが、地域の課題はステークホルダー全体の問題であり、個人や企業からの寄付など資金調達の多様化は喫緊の課題と言える。

13　内閣府（2001）『年次財政報告』（https://www5.cao.go.jp/j-j/wp/wp-je01/wp-je01-00304.html）（2020年10月15日アクセス）

3. 美術館の経営課題

　これまで、地域創生の役割を担うプレイスブランディング、及び地域資源としてのアートプロジェクト、特に 2000 年以降に活発化してきた芸術祭について述べてきた。芸術祭はビエンナーレ（2 年に一度）、トリエンナーレ（3 年に一度）といった取り組みであるが、地域で運営する美術館が芸術祭の中核となることが多い。例えば、瀬戸内国際芸術祭では直島の地中美術館、李禹煥美術館、豊島（香川県小豆郡土庄町）の豊島美術館、犬島の犬島精錬所美術館である。芸術祭のミッションには地域の新しい価値の発見や課題解決が含まれることが多い。この実現には数年に一度開催される芸術祭だけではなく、日常的に運営される美術館やアートプロジェクトの果たす役割も大きい。

　また、金沢市の 21 世紀美術館、倉敷市の大原美術館、海外では、ニューヨークのメトロポリタン美術館、パリのルーブル美術館など観光の代表的なスポットでもあり、美術館は観光資源ともなっている。つまり、プレイスブランドを支える地域文化資源である。しかし、我が国のアートマネジメントにおいては経営、特に財務上の問題について議論されることが少ない。芸術祭同様、ミッションを実現するためには持続的かつ安定的

な経営をしていくことが必要であり、経済的な側面の議論が不可欠である。本章では美術館を取り上げ、その課題について検討する。

3-1. 地域と美術館

　美術館は法律上博物館の一つである。博物館法の第2条では、博物館とは「歴史、芸術、民俗、産業、自然科学等に関する資料を収集し、保管（育成を含む。以下同じ）し、展示して教育的配慮の下に一般公衆の利用に供し、その教養、調査研究、レクリエーション等に資するために必要な事業を行い、あわせてこれらの資料に関する調査研究をすることを目的とする機関（以下略）」としている。一般的に総合博物館，科学博物館，歴史博物館，美術博物館，野外博物館，動物園，植物園，動植物園，水族館が含まれ、その役割（ミッション）は収集、保存、展示、調査・研究が挙げられる。

　美術館での展覧会は、大きく常設展と特別展（企画展）に分類できる。常設展は美術館が所蔵するコレクション（の一部）を展示するもので、特別展はテーマに則って、他の美術館やコレクターから作品を借りて展示するものである。例えば、2018年から2019年にかけて上野の森美術館及び大阪市立美術館で開催された「フェルメール展」（産経新聞社など主催）は産経新聞社によると時間指定にもかかわらず、122万5,136

人の入場者数を集めた。また、同時期に東京都美術館で開催された「ムンク展」（朝日新聞社など主催）は朝日新聞によれば66万9,846人を集め、一日あたりでは8,931人を集めている。このような美術展もあるのだが、概して美術館の収支が安定的とは言い難い。

西澤（2010）は、「美術館には、民間であっても公立であっても、ある公共性というものがあって、それはまさに町の一部で、町の人々が共有する財産です。それはまさに町の一部で、町の人々が共有する財産です。それは公共物であるのと同じで、経営的に成功しないからといって道路や公園を廃止しないのと同じで、町の財産としての美術館も、お金をつくる目的で存在するのではなく、僕らの生活を豊かにするためのものですから、経済や商業とは違う角度での評価が必要です」と述べる。美術館の公益性はそのミッションからも明らかであり、収益性は経営指標とは言えない。

しかし、実態として、事業費用を賄うだけの事業収益を得ることは難しく、経営を維持するには支援や寄付が不可欠となっている。国公立美術館であれば国や地方自治体が、私立美術館であれば主に企業による支援が行われている。ミッションを達成するためには持続的に運営していくことが不可欠である。国、地方自治体、企業などの美術館への財務上の支援が将来においても保証されていれば、財務基盤の安定性について議論する必要はない。しかし、我が国の財政の問題は以前から議論に

なっており、地方財政の地域間格差も顕在化している。また、企業の収益性も担保されているものではない。実際、公立の美術館においても、PFI（Private Finance Initiative）や指定管理制度の導入による費用削減の取り組みが見られる。さらに、新型コロナウイルス感染症による財政悪化は国、地域のみならず企業においても避けられない。持続的に運営していくためには財務基盤の確保という視点がますます必要となっている。

3-2. 美術館の組織分類

　美術館は博物館の一つであるが、博物館法では博物館を目的、設置主体、登録の有無の3点から、登録博物館、博物館相当施設、博物館類似施設の3つに分類している。登録博物館となる（博物館法第10条〜第16条）には、都道府県・指定都市教育委員会の登録審査が必要であり、設置主体は地方公共団体、一般社団法人、宗教法人、公益財団法人、一部の特殊法人（日本放送協会と赤十字社）に限られる。したがって、国立博物館は登録博物館には該当せず、独立行政法人が運営し、独自の根拠法令を持つ。個人所有あるいは学校法人、株式会社等が設立したものも登録博物館に該当しない。また、館長、学芸員を有することが必要で、1年を通じて150日以上開館すること（博物館法第12条）といった設置用件が設けられている。社会教育調査によると、914館が登録博物館となっている。

　博物館相当施設は博物館法の第29条に規定されており、博物館の事業に類する事業を行う施設で、設置主体の要件はないものの、学芸員を有し、年間100日以上開館することが要件となり、都道府県教育委員会、指定都市教育委員会が指定する。社会教育調査によると373館が博物館相当施設となっている。さらに博物館類似施設は設置主体、要件はなく、登録や指定もないもので、社会教育調査では4,457の施設がある。

　公立の登録博物館に対し、博物館法第24条では博物館を設置する地方公共団体に対して、経費の一部を補助できることが明記されている。すなわち登録博物館には財務上のメリットがある。

　しかし、このメリットも変化している。日本博物館協会（2017）では、「国からの補助金が一般財源化（事実上廃止）されたことなどによって博物館にとってのメリットは著しく減少している」と指摘している。また、私立の登録博物館に対して、博物館法第27条では、「都道府県教育委員会は、その求めに応じて、私立博物館の設置及び運営に関して、専門的、技術的な指導又は助言を与えることができる」とし、第28条では、「国及び地方公共団体は、私立博物館に対し、その求めに応じて、必要な物資の確保につき援助を与えることができる」としているが、やはりメリットの減少が指摘されている。

　日本博物館協会（2017）では、登録制度の現状と問題点として、「登録博物館や相当施設の水準にあるにもかかわらず、

博物館類似施設にとどまっている施設が相当数存在している。このような状況では、博物館登録制度が我が国の博物館の活動の基盤を形成しているとは言い難い。また、現行の制度では、外形的な審査になっており、社会が求める博物館としての活動の質・量に関しては明確な要件とはなっていない」と指摘している。

3-3.　美術館の経営と資金調達

　教育基本法の第12条第2項では、「国及び地方公共団体は、図書館、博物館、公民館その他社会教育施設の設置、学校の施設の利用、学習の機会及び情報の提供その他の適当な方法によって社会教育の振興に努めなければならない」としている。これを受けて社会教育法第9条第1項では「図書館及び博物館は、社会教育のための機関とする」とし、第9条第2項で、「図書館及び博物館に関し必要な事項は、別に法律をもつて定める」とされ、博物館法はこれを受けたものとなっている。このような成り立ちから、公立、私立を問わず、美術館は公的な補助が受けられる制度がある。

　美術館の役割は、前述の博物館法の第2条から、収集、保存、展示、調査・研究が挙げられる。例えば、岡山県岡山市の岡山県立美術館では、岡山県立美術館条例の第1条でその目的について「美術その他の芸術及び文化に関する県民の知識及

び教養の向上を図るため」としている。第2条ではその業務内容として、「美術品及び美術に関する資料の収集、保管及び展示」「美術に関する専門的な調査研究」「美術その他の芸術及び文化に関する講演会、研究会、映写会、芸能鑑賞会等の開催、及びこれらの開催の援助」「その他美術館の目的の達成に必要な業務」としており、博物館法第2条に則した条文となっている。

　全国美術館会議でも「美術館の原則と美術館関係者の行動指針」を採択し、美術館が担う社会的な使命を実践するために望ましい美術館のあり方と美術館に携わる者が取るべき行動指針を示し、内外に広く美術館への理解を図ることを目的にしている。

　このように美術館は民間企業とは異なり、利益を上げることを目的としない非営利組織である。斎藤（1996）は「博物館における事業の性格上、利益を追求する一般営利企業の様に、常に収支損益を念頭において事業の財政運営を行うことは、今の博物館という教育的要素の強い事業目的から不可能であり、また考えにくいことである」と述べている。島田（2009）においても「非営利組織の目的は独自に掲げるミッションの達成であり、利潤ではない。したがって、非営利組織の決算書もまた、ミッションを達成した成果で表現されるべきである」としている。ただし、ミッションを達成した成果をどのように表現するか、ということは課題となっている。

　しかし、美術館の運営には費用がかかる。島田（2009）も「（非営利組織の）財務的決算もおろそかにできない。支援者から託された資源を効率よく使用したか、続けて活動していくための財務基盤は大丈夫かという判断にかかわる」としている。美術館において、短期的な支出費用である美術品の維持や修復費用、施設の維持費用、人件費など多くは固定費となっている。しかし、多くの美術館が入場料や物品販売などの事業収益でこの費用を賄えないのが現状である。例えば、独立行政法人国立美術館では入場料等の事業収益が全体の収益に占める割合はわずか 12.4％であり（2018 年度）、入場料や入場者数の改善により簡単に解決できる課題ではない。したがって、年度毎

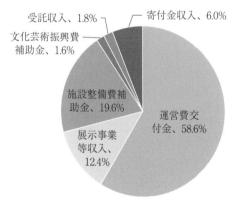

図 3-1　独立行政法人国立美術館の収入内訳
　　　　（2018 年度）（2018 年度決算報告
　　　　より作成）

の入場料や物品販売の不足分の短期の資金調達を持続的に行っていくことが安定的に経営する上での課題となる。独立行政法人、公立の場合は年度毎の予算を計上している。私立の場合は公益財団法人の組織形態が多く、やはり予算に基づいて運営している。公益財団法人は収支相償が原則となり、特定の目的がなければ長期的な積み立てができない。民間企業のように余剰金を将来のリスクに備えるといったことが法制度上困難になっている。つまり単年度での資金調達が最も重要な経営課題の一つである。

　以下、公立美術館、私立美術館について、それぞれの経営上の課題について検討する。

(1) 公立美術館

　博物館法の第 23 条では「公立博物館は、入館料その他博物館資料の利用に対する対価を徴収してはならない。但し、博物館の維持運営のためにやむを得ない事情のある場合は、必要な対価を徴収することができる」としており、そもそも収支を念頭においた運営ではなく、道路や公園と同じく、公共サービスとして提供されるものとも解釈できる。

　ただし、国や地方自治体の財政状況の悪化に伴い、安定的な資金援助が困難になりつつある。このため、補助金の削減や効率化を目的として民間の力を活用した運営手法を導入する事例が増えている。指定管理制度や PFI が代表的な手法であるが、

美術館だけではなく、公共施設全般で導入されている。

①指定管理制度

　横浜美術館や岡山県立美術館、金沢21世紀美術館など指定管理制度により運営される公立美術館は増えている。指定管理制度は2003年の地方自治法の改正に伴い制度化されたもので、地方公共団体の指定を受けたものが指定管理者として公共施設の管理運営業務全般にわたって行うものである。

　総務省の発出文書（2010）によると、指定管理制度は、「住民の福祉を増進する目的をもってその利用に供するための施設である公の施設について、民間事業者等が有するノウハウを活用することにより、住民サービスの質の向上を図っていくことで、施設の設置の目的を効果的に達成するため、平成15年9月に設けられたところです」としている。ただし、同文書では、「指定管理者制度は、公共サービスの水準の確保という要請を果たす最も適切なサービスの提供者を、議会の議決を経て指定するものであり、単なる価格競争による入札とは異なるものであること」とされている。

　つまり、民間の能力を活用しつつ、サービスの向上、経費の節減を図ることを目的として導入しているが、単なる価格競争とは異なっている。このような観点から、指定管理制度は直接的な資金調達ではないが、サービス向上に伴う収入の増加、運営経費の節減に伴い、自治体の予算削減（＝美術館の資金調達

額の削減）に寄与することが目的とされている。

　指定管理制度の効率性について、坂村・中井・中西（2011）は、指定管理制度を導入した美術館は事業費、管理費、人件費の削減効果が認められており、その収入においても事業収入（入場料や物販販売）の比率が10％から17％に向上したことが述べられている。ただし、指定管理制度を導入していない直営美術館においても運営費は削減されており、指定管理制度を導入した美術館、導入していない美術館共に自治体支出額は減少しているという結果となっている。指定管理制度導入に伴う運営費の削減効果は示せなかったものの、民間事業者のサービス導入に伴い事業の質と数を向上させていることを示している。

　指定管理者側のインセンティブを与えることが、経費削減、サービス向上、最終的には自治体支出金額の削減に繋がる。一般的には自主事業、指定管理者が自ら企画した業務で、指定管理業務ではない業務を実施させることによりインセンティブを与える事例が多い。藤（2008）は長崎県美術館及び長崎歴史文化博物館を事例として、利用料金制の導入について述べている。両館では、管理・運営費の負担を負担金事業と利用料金事業に分け、負担金事業は館の管理に必要な項目で構成され原則県からの負担金としている。利用料金事業は指定管理者の自助努力が発揮できる事業とし、原則利用料金の収益で運営し、努力すれば指定管理者の収益とできるシステムになっている。利

用料金事業として、図書販売収入、ショップ、カフェ収入等が挙げられている。このような指定管理者のインセンティブの導入により、利用者のサービス向上に繋がっているものと言える。

　しかし、指定管理者制度のデメリットも指摘される。足利市立美術館では2006年度から指定管理者による3年間の運営が始まった。足利市教育委員会は、長期的な研究や準備に年月を要する企画展を開催する美術館には、短期間で運営主体を見直す指定管理者制度はそぐわないと判断し、1回目の指摘管理期間が終了後に指定管理制度を取り止めている。一般的に指定管理制度は3～5年の期間であるものが多い。他方、美術館のミッション実現には長期的な視点が不可欠であり、短期の運営を行う指定管理者制度と整合させていくことが一つの課題となっている。これは、公立、私立を問わずアートマネジメントの課題である。

②PFI（Private Finance Initiative）

　「民間資金等の活用による公共施設等の整備等の促進に関する法律」（PFI法）が1999年に制定され、給食センター、医療施設、庁舎、公営住宅などがPFI事業として実施されている。2021年の開館を予定している大阪中之島美術館は運営にPFI手法を導入することになっている。PFIは指定管理制度とは異なり施設の建設が含まれることが多く、長期間（15年から30

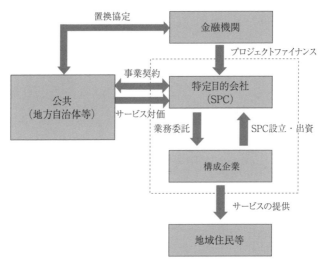

図3-2　一般的な PFI のスキーム図（総務省資料を基に作成）

年程度）の運営を担当するのが一般的である。したがって、指定管理制度のような短期的な運営管理に陥るデメリットは解消される。

　PFIでは、事業を実施する企業（複数企業の場合が多く、構成企業と呼ばれる）が特定目的会社（SPC）を設立し、事業を発注する公共側と事業契約を結ぶ。なお、構成企業以外の企業がSPCに出資することも可能である。一般的には医療施設、庁舎などの施設を建設するにあたり、SPCが金融機関から資金調達を行い、施設の建設及び運営を実施、公共がそのサービスを購入する（サービス対価）ものである。

　SPCは特定目的会社のことを指すが、会社法上の株式会社がほとんどである。したがって、サービスを提供する構成企業の出資比率によっては出資企業の会計上の影響も大きい。例えば、SPCが連結子会社となれば、出資企業の財務指標に影響が及ぶ。また、施設を建設した後に、施設を公共に移転しない場合（BOT: Build Operate and TransferもしくはBOO: Build Operate and Own方式）は、特定目的会社が建設した施設を所有することになるため、バランスシートが膨らみ、会計上、税務上の影響も変化する。

　また、SPCが金融機関から資金調達を行うが、一般的にはプロジェクトファイナンス、すなわち、ノンリコース（構成企業や出資企業への遡求がない）ファイナンスが採られることが多い。この場合、実質的に調達コストが上昇することが多く、公共の高い信用力と比較して、調達コストの高いファイナンスともなりうる。また、SPCの信用力を補完するために、劣後債や優先株式を活用する事例もあり、この場合のSPCの資金調達コストはさらに高くなり、結果的に公共のサービス対価（支払額）に反映される。

　美術館の最初のPFI導入は神奈川県立近代美術館新館（葉山町、2003年開館）であり、5社の構成企業からなるコンソーシアムが落札している。BOT方式であり、30年の期間、施設の所有と運営を行い、契約終了後に県に施設を移転する。PFIを実施する上での一つの評価としてVFM（Value For Money）

がある。これは、PSC（Public Sector Comparator：公共が実施した場合に事業期間を通じた財政負担の総額）とPFILCC（PFI Life Cycle Cost：PFI事業として実施した場合、事業期間に民間企業への支払い総額）の差である。つまり、PFIによるコスト削減額を示している。神奈川県総務部は、本事業に関し、PSCが96億300万円、PFILCCが68億8,200万円でありVFMは27億2,100万円と試算している。すなわち、本PFIは27億2,100万円のコスト削減に貢献できる、と評価したことになる。VFMはその定義上、実際の削減額と異なる場合もあ

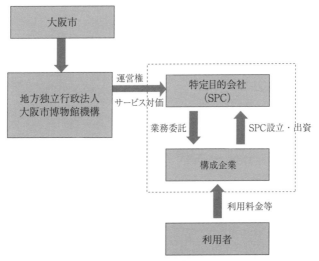

図3-3　大阪市中之島美術館PFIスキーム図
（地方独立行政法人大阪市博物館機構資料を基に作成）

るが、PFI導入にあたり、定量的な評価は必要となる。

　また、2021年に開館を予定する大阪中之島美術館は、美術館で初めてのコンセッション方式[1]のPFIとなっている。

　公共施設である美術館の管理者は地方独立行政法人大阪市博物館機構（以下機構）であり、PFIの事業者に対して運営権を設定する。PFI事業者は利用者から直接利用料金等を収受すると共に、運営費の差額を機構からサービス対価として受け取るものである。PFI事業者に運営権を設定することにより運営の自由度を与えるとともに、事業リスクの移転も行っている。本事業では施設の建設は含まれていない。運営期間は15年であり、さらに事業者側がさらに15年延長できるオプションを持っている。なお、PFI事業者の提案したサービス対価は52億2,200万円であり、単純平均すると、年間3億4,800万円の機構（大阪市）の支払額が生じるということになる。なお、本PFIの優先交渉権者選定結果の資料ではVFMは約9％となっている。

　人口減少経済が進むなか、公的な予算の確保がますます厳しくなることが想定される。また、新型コロナウイルス感染症は国、自治体の財政に影響を与えていることもあり、今後も、公立美術館では運営の効率化、すなわち国や自治体からの資金調

1　利用料金の徴収を行う公共施設について、施設の所有権を公共が有したまま、施設の運営権を民間事業者に設定する方式。

達を削減する取り組みが進んでいくものと想定される。

　このような指定管理制度をはじめとするコストダウンの取り組みには批判も多い。例えば、美術手帖に掲載された深川（2018）は「コレクションを有し、その保管・保存・研究活動の長期的な継続性がその機能保全の根幹の一つとされてきたミュージアムに、効率性を重視し短期的ビジョンでの運営を優先せざるを得ないこの制度（筆者注：指定管理制度）がなじむのか否か、当然、議論は巻き起こったが、行政改革の怒涛の波に抗するには至らず、一方的に寄り切られることになった。根底には、1990年代のバブル経済崩壊後の経済状況の低迷、小泉元首相が推し進めた「郵政民営化」に象徴される構造改革路線の進行などの複雑な政治経済状況があり、それに呼応し、美術館・博物館の運営に関しても経済効率性の論理が強烈に働くことになった。人類の文化的資産を社会的に保持し未来に伝えていくという、博物館法に記されたミュージアム本来の目的と機能が、こうした論理によって大きく見直しが迫られる激動の時代に入ったのである（それは今日も続いている）」[2]と記している。

　国や自治体の財政の変化により、運営の効率性が重視されるようになった点は同意できるものの、博物館法に記された

2　https://bijutsutecho.com/magazine/series/s13/18038（2020年2月15日アクセス）

ミュージアムのミッションは本当に見直しを迫られているのであろうか。短期的な効率性向上が長期的なミッションの実現と必ずしも相反するとは考えられない。そもそも費用削減の取り組みは財務基盤を安定化させるのが目的である。我が国の財政が厳しくなるなか、公立美術館の短期的な財務基盤を安定させるための一手法が指定管理制度である。今後は寄付や支援者を増やすなど公共だけに頼らない資金調達手法も検討すべきである。

　新型コロナウイルス感染症の対策に伴い、財政の悪化は進んでいくものと想定される。対策費用は増加するが、税収は増えない。芸術文化を支える力が弱っており、公立、私立を問わず、美術館にとって厳しい事業環境は続いていく。今後は、日本におけるアートマネジメントには短期的な財務基盤の安定と（長期的な）ミッションの実現を目指すことが含まれるべきである。短期的な財務基盤の安定としたのは、独立行政法人を含めた公立の美術館が年度予算に基づいて運営されること、私立美術館を運営する公益財団法人が法律上単年度の収支相償を原則としているからである。

(2) 私立美術館

　私立美術館の多くは公益財団法人により運営される。公益財団法人は公益社団法人及び公益財団法人の認定等に関する法律（以下、公益法人認定法）に基づいて設立された法人である。

　前述の公立美術館の指定管理者が公益財団法人である場合も多い。公益法人認定法第1条では、「（前略）公益の増進及び活力ある社会の実現に資することを目的とする」とする非営利法人である。そのため、法人税、所得税等税制のメリットがある。ただし、公益法人認定法第14条では、「公益法人は、その公益目的事業を行うに当たり、当該公益目的事業の実施に要する適正な費用を償う額を超える収入を得てはならない」とされており、収支相償が原則となっている。換言すると、単年度の資金調達が経営課題、ということである。

　公立美術館では前述の通り、民間のノウハウを活用して費用削減に取り組んでいるが、私立美術館でも同様の財務問題を抱えている。端（1999）が「美術館、博物館分野での文化事業体は、はじめから独立採算性では成り立ちにくいものと考えておかねばならない」と述べた状況は公立、私立で共通となっており、事業費用を事業収益で賄うことは困難である。

　公立美術館の収益は年度毎の自治体からの資金調達（予算の確保）が中核であるが、私立美術館では基本財産の運用益が中心となる事例が多い。例えば、神奈川県足柄下郡箱根町の公益財団法人ポーラ美術振興財団ポーラ美術館は2002年9月に開館した登録博物館である。公益財団法人ポーラ美術振興財団の2018年度正味財産増減計算書によると、2018年度の経常収益は68億1,726万3,231円であり、基本財産株式配当金が62億8,935万5,520円と経常収益の92.4%を占めている。これは

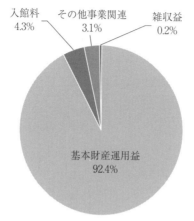

入館料
4.3%

その他事業関連
3.1%

雑収益
0.2%

基本財産運用益
92.4%

図 3-4　ポーラ美術振興財団の収益比率（平成 30 年度事
　　　　業報告書より作成）

（株）ポーラ・オルビスホールディングスの株式の配当である。
入館料や図録の販売など事業収益は 5 億 277 万 649 円で経常
収益の 7.4％を占めるにすぎない。ポーラ美術振興財団は美術
館の運営のみならず、美術家や国際交流に対する助成事業も
行っている。しかし、経常費用のうち、美術館維持・運営費、
展覧会、講演会等費用、ミュージアムショップ運営費、レスト
ラン・カフェ運営費、駐車場運営費と美術館の維持・運営費用
に関連のある費用の合計は 12 億 3,497 万 2,591 円であり、事
業収益（図 3-4 の入館料とその他事業関連の和）の 2 倍以上も
の金額が美術館運営には必要であることがわかる。

　このように、私立美術館においても入場料等の事業収益で費

用を賄うことは困難であり、寄付を受けた財産の運用益、通常は株式の配当、や企業からの寄付により運営されている。課題としては、株式の配当や企業からの寄付は企業業績に依存しており、業績悪化に伴う配当減額、もしくは無配当になった場合の美術館経営に対する影響は大きい。また、ほとんどの場合、一社の業績に依存している点もリスクと言える。

なお、ポーラ美術振興財団は株式会社ポーラ・オルビスホールディングスの筆頭株主となっている。このような形で運営をしているのが、公益財団法人石橋財団（株式会社ブリジストンの筆頭株主）、公益財団法人福武財団（株式会社ベネッセホールディングスの大株主）などがあげられる。企業の社会・文化への貢献活動と同時に企業側の資本政策の一側面も有している。

3-4. 海外の動向と長期的な資金調達

公立美術館、私立美術館共に共通しているのは事業費用を事業収益で賄うことは難しく、自治体や企業からの単年度の資金調達が経営課題となっている。美術館のミッションには、収集や調査・研究といった長期的なプロジェクトが含まれる。単年度の資金調達と並び、長期的なプロジェクトに対する資金調達は美術館にとって経営課題である。

公益財団法人にとって収支相償の原則がある。企業であれば

利益を積み立てることができるが、前述の公益法人認定法第14条では運営費用を超える収益を得ることができないため、長期的プロジェクトへの積み立ては難しい。ただし、特定費用準備資金は認められている。これは、将来の特定の活動の実施のために特別に支出する費用（引当金の引当対象となるものを除く）に係る支出に充てるために保有する資金を指し、公益目的事業用、その他用の2通りがあり、積立限度額の範囲内で当該年度の積立額を費用に算入することができる[3]。しかし、年間の運営費用を賄うことでさえ厳しくなっている現状では長期的なプロジェクトへの投資を考えることは困難というのが実情である。

　海外の事例を検討してみたい。AAMD（The Association of Art Museums Directors）の調査によると、米国、カナダ、メキシコ208館の美術館の2017年における収入内訳は図3-5の通りである。

　Earned Revenueは、入場料やレストラン、ミュージアムショップでの販売など、美術館運営による収益であるが、収益全体のわずか27％に過ぎない。政府、自治体からの支援

3　①活動の見込みがあること（活動の内容及び時期が具体的であること）、②区分管理されていること、③取崩しできないこと又は目的外取崩しについて特別の手続が定められていること、④積立限度額が合理的に算定されていること、⑤積立限度額及びその算定根拠等について備置き及び閲覧等の措置が講じられていること、が条件となる。

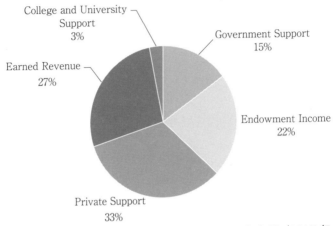

図3-5　米国、カナダ、メキシコ美術館の収入内訳（2017年
　　　AAMD 資料より作成）

（Government Support）は15％となっている。個人や企業の寄
付（Private Support）は33％を占める。また、寄付金等の運用
益（Endowment Income）が22％となっている。つまり、海外
においても収入における事業収益の比率は高くない。しかし、
日本の美術館と比較すると多様な支援が得られていることがわ
かる。

　例えば、メトロポリタン美術館はアメリカ合衆国ニューヨー
ク市に位置し、1870年に開館したニューヨークを代表する観
光資源の一つである。The Art Newspaper（2019）によると、
2018年の入場者数は695万3,952人と世界第3位となって

いる。それでも、メトロポリタン美術館・アニュアルレポート（2019）によると、370,438（千ドル）の収入のうち、入場料が 55,059（千ドル）、会員費が 29,091（千ドル）、グッズ販売等が 85,842（千ドル）すべて合わせても収入（Revenue and Support）の半分にも満たない。やはり、運営は寄付や運用益が前提といえる。なお、入場料は大人 25 ドルで、日本の美術館の入場料と比較しても高い。

　営利企業の場合、長期的なプロジェクトに対して、銀行からの借り入れや債券発行、株式発行、また、会社法の施行に伴い優先株式の発行など資金調達手法の多様化が進んでいる。メトロポリタン美術館も債券の発行を行っており、2015 年には 2 億 5,000 万ドルの資金調達を行った。この資金を今後 10 年間の長期的なインフラ投資に活用する予定になっている。アメリカの代表的な格付機関である Moody's Investors Service（以下 Moody's）からは、Aaa（最高位）の格付を取得している。Moody's の格付レポートによると、「Aaa（安定的）の格付は世界最大の美術館の一つとしてのブランドの強さ、及び支援者の長期的かつ強力な援助、及び多様な収入源が反映されたものである」としている。

　少子高齢化が進む我が国においては、公立美術館の運営を支える自治体の財政の見通しが明るいとは言い難い。加えて、コロナ感染症への対策費用は国や地方自治体の財務に多大な影響を与えることが予想される。同時に、私立美術館の運営を支え

る基本財産の運用益は（ほぼ単一の）企業の業績に依拠しており、その配当が減少もしくは無配当になる可能性はある。リスク分散の必要性は高く、日本の美術館では多様な収益源による安定的かつ持続的な運営が経営課題と言える。前述の大阪中之島美術館のPFI事業における要求水準書を見ると、事業者の業務として、寄付金等調達支援、協賛金等獲得も記載されている。つまり、外部からの資金調達が運営業務となっている。5つの国立美術館を運営する独立行政法人国立美術館の収入においても図3-1に示す通り、寄付金の割合はわずか6％である。寄付金に関しては我が国の税制の論点[4]もあるが、資金調達先の多様化、安定的な財務基盤の確保はアートマネジメントに不可欠な要素と言える。

　西澤（2010）は、「日本の公立の美術館の多くは、いわゆる箱もの行政の典型だといわれてきましたが、本当は公共の美術館というものは、行政だけがやることではなくて、官民問わずにいろんな人間が参加して、能動的につくっていくものだと思います。美術館は、行政の占有物ではなくて、町の財産であると思います」としている。これは文脈上、設立や運営面での議論である。しかし、公立や私立の美術館が地域の財産である観点から、企業や個人も財務基盤の安定性に関与する仕組みづく

4　例えば、日本総合研究所（2018）『美術品等の寄附税制等における調査研究事業』、https://www.bunka.go.jp/tokei_hakusho_shuppan/tokeichosa/bunka_gyosei/pdf/r1393028_18.pdf（2019.2.15 アクセス）。

りが持続的な運営には必要となっている。

3-5. 美術館と観光

　岡山県岡山市の後楽園と石川県金沢市の兼六園はそれぞれ日本三名園の一つと言われている。観光地としての類似性も高い。後楽園の前には岡山県立博物館があり、徒歩数分の距離に岡山県立美術館がある。また、岡山城も隣接している。他方、兼六園には金沢 21 世紀美術館、金沢城公園が隣接している。各施設への 2018 年度の入場者数は表 3-1 の通りとなっている。

　ここで、金沢市の金沢城公園、金沢 21 世紀美術館は無料区域への入場者も含まれるため、入場者数の単純比較はできない。ただし、兼六園、後楽園いずれも入場料は有料である。

表 3-1　金沢市と岡山市の主要施設入場者数 [5]

金沢市	入場者数	岡山市	入場者数
兼六園	2,754,074	後楽園	887,146
金沢城公園	2,332,485	岡山城	363,193
金沢 21 世紀美術館	2,608,037	岡山県立博物館	51,778
		岡山県立美術館	156,004

5 『金沢市観光調査報告書　平成 31 年・令和元年』『令和元年　岡山市観光統計』より作成。

　旭川沿いを歩いて見る後楽園や岡山城は景色も良く、この地域にはもっと観光客があってもいいのではないかという印象である。入場者数を見る限りでは、後楽園を訪れた観光客がすぐ近くの岡山城や岡山県立博物館、岡山県立美術館も訪れるということにはなっていない。また、金沢市と比較してもレストランやカフェといった施設も少ない。せっかく後楽園に足を運んでも、入場料だけ支払って帰っていくというのは地域への経済的なメリットも少ない。美術館や博物館の運営を考えるにあたり、個別施設の運営だけを考えるだけではなく、俯瞰的に地域をどのように活性化していくかという視点も大事なのではなかろうか。

　美術館は開かれた空間であり、作品鑑賞以外でも活用が進んでいる。例えば、倉敷市の大原美術館では 1950 年以来「ギャラリーアート」と称して、作品が展示されている屋内でのコンサートを行っており、これまで 158 回の開催実績がある [6]。また、閉館後の時間帯を利用して結婚式を行うこともできる。美観地区という外部環境も含めて、非日常が経験できる場であり、地域の魅力を増大する可能性を持つ空間である。つまり、地域に存在する様々な施設、自然、人々の相乗効果により、従来の美術館の枠組みを超えた可能性が追求できる。美術館はそのミッションを達成するために日々運営されているが、地域資

---

6 https://www.ohara.or.jp/history/concert/（2021 年 1 月 25 日アクセス）

源との相乗効果によりミッション達成の加速化も期待される。

　企業経営においては、事業ポートフォリオ[7]のマネジメントとして事業間の相乗効果を追求している。相乗効果により企業価値向上が期待できる。地域においても俯瞰的なマネジメントを行うことにより、地域の自然、人々、施設間の相乗効果が得られ、プレイスブランド向上にも繋がる。このようなマネジメントに必要な能力として、第1章のDMOの項で述べた、①ブランディング・マーケティング能力、②データ収集・解析能力、③情報収集・発信（PR）能力、④財務を理解した経営能力（＋財務基盤）、⑤多様な主体と連携し複雑な組織を運営するマネジメント能力が挙げられる。岡山市でも県や市、NPOなど様々な組織が地域活性化に取り組んでおり、今後の展開が期待される。

　金沢市は北陸新幹線の導入を契機に観光客が増えていった。東京からの時間距離では金沢市より遠いものの、岡山市は政令指定都市になる前から新幹線のぞみの停車駅であり、交通の利便性は高かった。四国との結節点ということもある。地域資源を活かした俯瞰的な地域マネジメントが期待される。

7　ポートフォリオはもともと「カバン」の意味で、この場合は、企業が手がけている事業の一覧を指す。

4. 芸術文化の情報開示とマーケティング

　プロスポーツチームの運営の特徴として、固定費を入場料やグッズ販売等だけで賄うのが難しく、入場者を増やす、ということと支援者（スポンサー）を増やすという 2 つの異なる目的でのマーケティングが必要となっている。事業収益だけで運営費用を賄えない構造であるアートプロジェクトや美術館への示唆も大きい。本章では、プロスポーツチームの取り組みを事例として、アートプロジェクトや美術館のマーケティングについて検討を行う。また、企業ではステークホルダーの多様化に伴い、情報開示のあり方も変化している。アートプロジェクトや美術館のステークホルダーと情報開示について検討する。

4-1. 芸術文化のマーケティング

　2018 年に閣議決定された文化芸術推進基本計画（第 1 期）では、「美術館、博物館、図書館等は、文化芸術の保存・継承、創造、交流、発信の拠点のみならず、地域の生涯学習活動、国際交流活動、ボランティア活動や観光等の拠点など幅広い役割を有している」とし、その地域資源や観光資源としての役割に言及している。岡山県を例にとると、公立博物館のみならず、

福武財団や石川文化振興財団という企業を基にした非営利財団の活動や、大原美術館、夢二郷土美術館、林原美術館など地域の観光拠点、芸術文化活動を担う博物館も多い。また、スポーツにおいても、サッカー、バレーボール、卓球、バスケットボールの4つのプロチームが地域に根ざした取り組みを行っている。スポーツ、文化、芸術を振興する風土も一つの地域資源であり、プレイスブランディングにも寄与している。

　2017年に内閣官房、文化庁が連盟で策定した文化経済戦略では、文化経済活動を通じた社会包摂・多文化共生社会の実現として、「成熟期を迎えた我が国の社会においては、国民が文化芸術の鑑賞や創作・参加 の機会、文化財や伝統的まちなみの保存・整備、地域の美術館・博物館や劇場・音楽堂の運営等といった文化的活動に積極的に関わっていくことは、心豊かな国民生活や活力ある社会の実現に資するとともに、働き方改革によるワーク・ライフ・バランスの改善に伴う質の高い余暇の過ごし方の実現、労働生産性の向上、ひいては、人生100年時代におけるライフステージに応じた人生の充実した過ごし方にもつながる」とし、芸術文化の地域資源としての重要性について述べている。この文化経済戦略は、国、地方自治体、企業、個人が文化への戦略的投資を拡大し、文化を起点に産業等他分野と連携した創造的活動によって新たな価値を創出、そして、その新たな価値が文化に再投資され、持続的な発展につながるというものである。このような活動が循環していくために

は、これまで芸術文化投資の中核を担ってきた国、地方自治体のみならず、多様な企業や個人が文化への戦略的投資に参加していくことが必要である。安定的な財務基盤の確保が経営課題であるアートプロジェクトや美術館にとってもこのような取り組みは不可欠であるが、相互理解は進んでいるのであろうか。

　アートプロジェクトや美術館にとって、支援してくれる企業や個人に対して組織の取組や成果を説明、理解してもらうことが幅広い戦略投資を獲得するために必要であり、マーケティングの重要性が高まっている。マーケティングの定義はアメリカ・マーケティング協会（AMA）の定義である「マーケティングとは、顧客に向けて価値を創造、伝達、提供し、組織および組織をとりまくステークホルダーに有益となるよう顧客との関係性をマネジメントする組織の機能および一連のプロセスである」が代表的な定義となっている。また、島田（2009）は非営利組織のマーケティングを「マーケティングとは、ミッションにもとづく成果を達成するために、自らに適した事業領域を設定し、そのニーズを見極め、ミッションと一体化させることによって価値を創造し、クライアントや資源提供者との間に自発的交換を実現するための機能である」としている。美術館のような非営利組織は、入場者等の便益を受ける者からの収益だけでは費用を賄うのが困難であり、直接的に便益を受けないものの、活動を支援してくれる資源提供者との関係性をマネジメントすることが必要となる。

　すなわち、芸術文化活動においては、

　①幅広いステークホルダーに対して理解してもらうこと

　②入場者に集まってもらうこと

がマーケティングの視点となる。地域住民や企業の長期的な支援者を増やしていくことが安定的な資金調達、結果として持続的かつ安定的な運営へつながっていく。したがって、芸術文化活動のマーケティングではサービスの受益者である顧客と幅広いステークホルダーに対する取り組みが不可欠である。企業ではモノやサービスの受益者である顧客からの対価から費用を差し引けば利益となる。しかし、美術館では入場料や物販だけでその費用を賄えない。活動を支援してくれる個人や組織へのマーケティングが必要となる。島田（2009）は「非営利組織のマーケティングは、受益者に対する次元と経済資源に対する次元の二重性を帯びることになる。直接出会うことのない受益者と寄付者が組織によって媒介され、結合されていく。しかも忘れてはならないことは、非営利組織の成功は、資源を無償で提供する寄付者の満足に依るのではなく、サービスの提供を受ける受益者の満足に依るのである」とし、これを「二重性のマーケティング」としている。しかし、「成功」の定義が論点とはなるが、美術館の事例で考えると直接の受益者である入場者の満足だけでいいのだろうか。民間であっても公立であっても公共性を有する美術館はその活動のみならず、その社会的な役割を評価してもらい、これまでの主な資金提供者である国、

自治体のみならず、幅広いステークホルダーからの支援を得ることが持続的な活動には不可欠となる。なお、図4-1で支援者から組織に対して活動資源としているのは、例えば、特定の企業が支援する美術館の場合、運営資金のみならず、人的資源をはじめとする企業が保有する経営資源を提供する場合もあるためである。

　マーケティングに際しては、美術館の活動、差別化を伝えなければ、活動への賛同を得ることは難しい。オラファー・エリアソンは西澤立衛との対談で、「来館者にとって美術館とは、建築的な環境、芸術作品、そして鑑賞者、美術館の館長やキュレーター、技術者のチーム、そして教育者といった人たちの複合体です」と述べている（西澤，2010）。来館者にとっては、美術館での「非日常」となる経験価値を求めている。美術館は収蔵する作品や建物で語られることが多いが、美術館の建物や作品を超えた経験価値をこの複合体によってどのように提供するか、つまり、美術館が創出するサービスの独自性を伝えてい

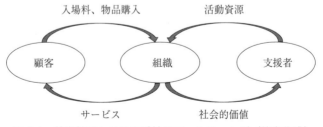

図4-1　美術館における二重性のマーケティング（筆者作成）

くことが必要となる。

　2020 年は新型コロナウイルス感染症の影響によりほとんどの美術館が休館を余儀なくされた。入場料や物販が収入の多くを占める私立の美術館にとって経営上の影響は大きくなっている。大原美術館、山種美術館（東京都渋谷区）、ワタリウム美術館（東京都渋谷区）は寄付型クラウドファンディングを行った。クラウドファンディングについてはその手数料を含めて是非はあるが、投資家の共感を得るということでは有効な手法と言え、日本でも 2010 年以降広がってきている。大原美術館のクラウドファンディングは 2020 年 10 月に開始され、1,000 万円の目標金額とした。実際には募集開始からわずか 6 日間で目標金額を達成し、1,704 人が 2,315 万 5,000 円を寄付している[1]。山種美術館は 500 万円の募集金額に対し、872 人が 1,310 万 9,000 円の寄付を行っている[2]。ワタリウム美術館も 500 万円の募集金額に対して、1,515 人が 2,160 万 1,100 円の寄付を行っている[3]。このように美術館に対する長年の活動を理解している支援者は多い。入場者を増やしていくことと同時にこのような支援を持続的かつ増やしていくことが美術館のマーケティングの目的の一つと言える。

1　https://readyfor.jp/projects/ohara（2020 年 12 月 26 日アクセス）

2　https://readyfor.jp/projects/yamatane2020（2020 年 12 月 20 日アクセス）

3　https://camp-fire.jp/projects/view/319761（2020 年 11 月 15 日アクセス）

4-2. 芸術文化の情報開示

　企業（上場企業）の情報開示は年々進んでいる。金融審議会ディスクロージャーワーキンググループ報告書（2018）は「企業情報の開示は、投資家の投資判断の基礎となる情報を提供することを通じて、資本市場における効率的な資源配分を実現するための基本的インフラであり、投資判断に必要とされる情報を十分かつ正確に、また適時に分かりやすく提供することが求められる」としているが、単に投資家としての株主や債権者だけではなく、顧客、取引先、地域社会、行政といった幅広いステークホルダーに対して自社を理解してもらうという観点からも広範な情報開示が不可欠である。2019年の企業内容等の開示に関する内閣府令の改正案を見ると、「経営方針・経営戦略等について、市場の状況、競争優位性、主要製品・サービス、顧客基盤等に関する経営者の認識の説明を含めた記載を求める」としている。同時に、「経営者による財政状態、経営成績及びキャッシュフローの情報の分析」（MD&A: Management Discussion and Analysis）という単に結果としての財務指標のみならず、経営者がこの結果をどう分析しているか、といった記載も求められている。つまり、経営者の業績に対する説明責任が明確に求められるようになった。

　また、CSRの重要性が高くなってきた現在では、業績のみ

ならず、企業の社会活動に関する開示も進んでいる。金融庁の
『記述情報の開示の好事例集 2020』では「新型コロナウイル
ス感染症に関する開示例」や「ESG（Environment, Social and
Governance：環境、社会、企業統治に関する開示例」が紹介
されている。ここで紹介されている味の素（株）の 2020 年 3
月期の有価証券報告書では、

■ESG に関する指標を定量的に記載

■ESG の課題について、その解決策や目標を経営戦略と関
連づけて記載

■社会に関する非財務目標について、事業に関連する会社独
自の指標を設定し記載

といった点が特徴となっている。例えば、S の社会の項目では
「うま味を通じてたんぱく質・野菜を美味しく摂取し、栄養バ
ランスを改善します」という目標に対して「味の素グループ製
品による肉・野菜の摂取量」といった定量的な数値で実績を評
価している。（2019 年度には肉：700 万トン、野菜：430 万ト
ン）非財務目標に対する実績を工夫して表現している。

　芸術祭の評価の課題同様、芸術文化活動に対する評価や報告
は課題である。芸術文化活動を通じて地域の魅力が向上すれ
ば、企業にとって人材採用や従業員の生活環境の点からもメ
リットとなる。しかし、企業にとって芸術・文化やスポーツへ
の寄付や貢献活動は評価基準が曖昧なだけに難しい。地域のた
めに重要なことは理解しているものの、投資に対するリターン

が説明しにくく、事業のようにリスクとリターンで定量的に投資評価ができるものとは異なる。したがって、寄付の増額や業績悪化時に寄付を継続するための社内の理由付けは困難になる。ある企業からは、「スポーツや芸術文化活動に関して地域創生の役割を果たしていることは理解しており、自分の裁量の範囲ではできるだけ役に立ちたいということで取り組んでいる。実際に複数のスポーツ団体や公益財団法人に寄付を行なっている。しかし、裁量の範囲を超えた社内決済が必要になる場合、寄付の理由付けが困難である。活動に対する評価が難しい」という意見があった。島田（2009）も「非営利組織においては、ミッション達成の成果を表現するのが困難である。どんな基準で成果を定義したらよいかがわからないし、およそ成果という考え方を無視したり、軽視したりする誘惑にかられやすい」としているが、「しかし、それにもかかわらず、われわれは非営利組織の成果をできるだけ誰にも納得がいくように表現しなければならない。そうでなければ、組織のマネジメントが甘くなる。自己満足に陥ってしまう。託された資源の有効な活用が不十分となる」と述べている。

　近年、CSRの重要性は増してきているが、もともと日本では近江商人（江戸時代から明治）の「三方よし（売り手よし、買い手よし、世間よし）」の考え方が定着している。国際的なCSRの定義は多々あるが、例えば、経済同友会（2003）の「企業と社会の相乗発展のメカニズムを築くことによって、企業の

持続的な価値創造とより良い社会の実現を目指す取り組みである」とその範囲は広がっている。特に近年はサステイナビリティの概念で捉えられることも多い。また、マイケルポーターが提唱しているCSV（Creating Shared Value）、社会貢献による市場創造を行い企業と社会が良い関係を築く、といった考え方は企業のなかでも一般的になってきており、年次報告書のなかにCSRやCSVの取り組み報告を行う企業は増えている。また、SDGsが2015年に国連加盟国の間で合意されて以来、日本でも政府、自治体、企業、教育機関、その他団体など様々な組織で、取り組みが進められている。このような意識が高まっていることは芸術・文化、スポーツに関与する組織にとってはプラスである。その点においても芸術文化活動におけるミッションの実現や達成度合いをどう「表現」するか、ということは課題である。

　企業であれば、IR（インベスターリレーションズ）は企業の証券（株式や債券）が公正な価値評価を受けるために行われる取り組みであり、開示情報は増えている。株式の価値は将来の収益を反映しており、投資家に経営戦略や社会的活動がどのように将来の収益や持続的な経営につながるかを理解してもらい、円滑な関係を築いていくことが目的である。研谷（2012）では、「公的資金（税金）が使われている公立博物館には『透明性の確保』と『説明責任』が求められる」とし、博物館評価の必要性について述べている。しかし、公立、私立共に組織の

性格上、運営がブラックボックスの場合も散見される。また、研谷（2012）は、博物館の評価軸として「博物館のマネジメント、経営方針、経営状況」「来館者の満足度、広報・マーケティング」「資料管理、コレクションマネージメント」「人事マネジメント、外部との関係維持」「施設・設備」といった項目の指標を挙げている。ステークホルダーの拡大、多様で長期的な支援者を獲得するための項目やコミュニケーションの手法は検討していく必要がある。地域住民や企業などのステークホルダーとの円滑な関係を構築するために芸術文化活動の情報公開のあり方やミッション達成の評価手法の確立はマネジメントにおける最重要課題の一つといえる。つまり、現状のアートプロジェクトや美術館の開示情報が十分とは言い難い。

　島田（2009）は、非営利組織における寄付者層構築の基本として、

　①ミッションを明確化し、その成果を生んでいるかどうか。

　②ミッションの重要性と成果をフィードバックすること。
と述べている。これは企業であっても同様である。しかし、収益を目的としないアートプロジェクトや美術館にとって、ミッションの成果を評価することは簡単ではない。

　アートプロジェクトや美術館の報告書を見ると、開催した展示会やイベント、入館者数等のデータに関する記述は共通しているものの、マネジメント、経営状況に言及しているものは少ない。そもそも、博物館法第9条2項では、「博物館は、当該

博物館の事業に関する地域住民その他の関係者の理解を深める
とともに、これらの者との連携及び協力の推進に資するため、
当該博物館の運営の状況に関する情報を積極的に提供するよう
努めなければならない」としている。私立の運営形態として多
い公益財団法人について見てみると、公益法人認定法第 21 条
では「内閣府令で定めるところにより、当該事業年度の事業計
画書、収支予算書その他の内閣府令で定める書類を作成し、当
該事業年度の末日までの間、当該書類をその主たる事務所に、
その写しをその従たる事務所に備え置かなければならない」と
している。また、公益社団法人及び公益財団法人の認定等に関
する法律施行規則の第 27 条から第 40 条では事業計画書や財
務三表等の作成につき定めている。美術館のホームページ上で
確認したところ、開示の状況にはバラツキが見られ、ホーム
ページに財務三表をすべて開示しているところもあれば、貸借
対照表と正味財産増減計算書（損益計算書に相当）を掲載して
いるところもある。また、貸借対照表だけを掲載しているとこ
ろも見られたが、これだけでは収益の中身が理解できず運営状
況は理解できない。規定上はホームページに開示する必要はな
いのだが、最も一般的な開示方法であるホームページでの情報
開示が進むべきである。企業の開示状況は、ホームページをみ
れば理解でき、利便性が高い。わざわざ情報を事務所に見に行
く人は少なく、幅広いステークホルダーとのコミュニケーショ
ンを円滑にするためにも、積極的な開示を期待したい。少ない

人員で取り組んでいるなど組織上の課題はあるだろうが、持続的な運営を維持するためにはコミュニケーション手段の多様化を発信する側から取り組む必要がある。

公立の場合、例えば、岡山県立美術館条例第19条では、「知事は、美術館の管理の適正を期するため、指定管理者に対して、当該管理の業務又は経理の状況に関し報告を求め、実地について調査し、又は必要な指示をすることができる」と指定管理者の報告を求めており、この情報についてはホームページ上で確認できるが、指定管理者の指定管理料と人件費、運営管理費の記載があるだけでやはり運営状況が確認できるとは言い難い。さらに、岡山県立美術館運営協議会、岡山県立美術館美術品収集評価委員会の内容は非公開になっており、運営の状況が理解できる状況にはなっていない。公的な資金が持続的に確保されるとしても、透明性の確保、説明責任を果たすことが地域に必要な美術館であることを理解してもらうために不可欠である。他方、独立行政法人国立美術館の場合は文部科学大臣による業務の実績に関する評価、及び外部評価報告書がホームページ上で確認できる。後者は国立美術館の中期計画に沿って定性的な評価を行っており、戦略がどのように実行されているかがわかる形式になっている。また、財務三表も公開されており、幅広い情報開示に取り組んでいる。

アートプロジェクトや美術館は地域密着の様々な活動を行なっている。規則に準じた必要最小限な情報開示だけではな

く、積極的な情報開示に取り組むことによりステークホルダーの理解、共感が得られる。公立美術館においても、PFIや指定管理者制度の活用など、民間手法の導入や費用削減への取り組みは進んでいる。国や自治体の財政問題が顕在化、さらにはコロナ感染症対策の財政への影響は計り知れない。入場料収入と国、自治体支援の両側から運営に影響を与えることが想定され、幅広いステークホルダーに理解してもらうための情報開示の取り組みは不可欠である。

4-3.　スポーツ、芸術文化のマーケティングの事例

　非営利組織ではないが、二重性のマーケティングを行っている代表的なものとしてプロスポーツがある。直接の受益者である観客のみならず、スポンサーとなる企業へのマーケティング活動は多くのプロスポーツにおいて不可欠である。また、オーケストラとベネッセの国際マーケティングの活動事例から芸術文化におけるマーケティングについて考えてみたい。

(1)　プロスポーツのマーケティング

　日本でもバブル崩壊以降プロスポーツが増えていった。もともと、1934年に大日本東京野球倶楽部（現在の読売ジャイアンツ）、1935年には大阪野球倶楽部（現在の阪神タイガース）が結成されるといった長い歴史を持つプロ野球がある。その

他、日本プロサッカーリーグ（以下Jリーグ）は1993年に10クラブでスタートし、2020年には56クラブが参加している。また、2016年にはジャパン・プロフェッショナル・バスケットボール（以下Bリーグ）が開始するなど多様なプロスポーツがある。高松・青山・久保・但尾（2019）は、この流れについて「これまで日本においてバレーボールをはじめとする競技スポーツを支えてきたのは企業チームであり、大半の選手が所属チームの母体となる企業で社員として雇用されているのが一般的である。一方、バブル経済崩壊以降は企業スポーツチームの休廃部が増加し、企業スポーツ自体の在り方が見直され、最近では堺ブレイザーズや岡山シーガルズに代表されるように、チーム名から企業名を外して独立採算を目指すチームが出てきた」と述べている。プロ野球の場合は、メインスポンサーがほぼ単独でその活動を支えている。プロ野球球団の決算広告の開示情報だけではその財務状況の詳細はわからないが、Jリーグ、Bリーグは決算を開示している。Jリーグではライセンス交付にかかる多様な審査基準を設けているが、財務面では「債務超過」または「3期以上連続で当期純損失を計上」がライセンスを交付しない基準となっており、経営に対する基準は厳格である。Jリーグ全体で見ると、2019年度の営業収益は1,325億円、営業費用は1,346億円で、営業収益は9年連続の増収となって

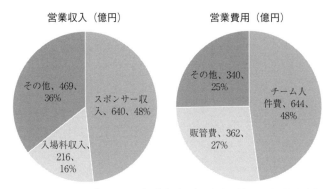

営業収入（億円）　　　　　営業費用（億円）

その他、469、36%
スポンサー収入、640、48%
入場料収入、216、16%

その他、340、25%
チーム人件費、644、48%
販管費、362、27%

図4-2　Jリーグの2019年度収支（公表資料[4]より筆者作成）

いる。

　その収支はやはり入場料等収入だけでは費用を賄うことのできない構造となっており、二重性のマーケティングが必要となるのが特徴である。Jリーグでは地域交流の推進を活動方針としており、クラブの名称を原則「地域名称＋愛称」としている。Jリーグのみならず、バスケットボール、バレーボール、卓球などのプロスポーツも練習拠点とする都市や地域をホームタウンとし、地域創生の役割を果たしている。地域との取り組みを積極的に行っているのも特徴である。

　Jリーグは観戦者への調査を毎年行っており[5]、2019年度の調

4　https://www.jleague.jp/docs/aboutj/club-h31kaiji_001.pdf（2020年12月15日アクセス）
5　『Jリーグスタジアム観戦者調査2019サマリーレポート』https://www.

査で、「Jリーグは、ホームタウンで大きな貢献をしている」との問いに、大いにあてはまると回答したのが49.2％、あてはまると回答したのが33.5％であり、合わせて82.7％の観戦者が肯定的に捉えている。チーム毎に見ると川崎フロンターレと松本山雅FCは、大いにあてはまると回答したのがそれぞれ87.5％、79.7％となっており他チームと比較しても高くなっている。なお、川崎フロンターレは10年連続して1位になっている。

　川崎フロンターレはメインスポンサーである富士通株式会社の100％子会社であったが、現在では川崎市を含めて36社が株主となっている[6]。市や地元企業に幅広い出資を募り、市民クラブを目指したことがその背景となっている。メインスポンサーの理解を得ると同時に、地域密着活動を推進していった。スポーツ振興活動としてコーチを川崎市内小学校に派遣といった取り組みのみならず、算数ドリルによる教育活動や防災カルタによる小学生の防災意識向上活動などスポーツの枠を超えた取り組みも行っている。また、川崎市の「富士見公園南側」と「富士通スタジアム川崎[7]」の指定管理者業務を手掛けるなど

jleague.jp/docs/aboutj/funsurvey-2019.pdf（2020年12月15日アクセス）

6　https://www.frontale.co.jp/about/jpn/stock_folders.html（2020年12月15日アクセス）

7　プロ野球のロッテオリオンズ（現千葉ロッテマリーンズ）が本拠地としていた川崎球場が前身。スタンドが撤去されてからはアメリカンフットボー

地域における活動範囲は多岐に渡る[8]。地域密着を支えるポイントとして、①クラブの組織力、②選手の参加意識、③行政との連携を挙げている[9]。市民クラブを目指したのは 2000 年からで、川崎フロンターレの武田前社長（現会長）やスタッフの方々からお話を伺う機会があったが、チーム運営における地域密着の重要性について述べていた。このような取り組みは二重性のマーケティングを進める上での根幹となっている。

　Ｊリーグの観戦者の平均年齢（2019 年）は 42.8 歳となっている。観客層も 40 代が 26.9 ％、50 代が 20.5 ％、30 代が 16.8 ％となっている。なお、J2 のアルビレックス新潟では観戦者の平均年齢は 48.7 歳でもっとも高くなっている[10]。Ｊリーグの創立は 1992 年であり、2021 年現在、29 年になるため、幅広い年齢層が支援しているものと想定していたが、19 ～ 22 歳（大学生相当）が 5.5 ％、23 ～ 29 歳が 10.8 ％であり、40 代以上が多い構成になっている。また、2018 年と比較しても平均年齢は 0.9 歳増えている。一つの特徴と言えるのが、同伴来場した子どもを含んだ平均年齢は 36.7 歳となっている。例えば、

ルでの利用が多くなっている。

8　川崎フロンターレホームページより作成。

9　https://www.jleague.jp/img/about/document/jnews-plus/010/vol010.pdf（2020 年 12 月 10 日アクセス）

10　https://www.jleague.jp/docs/aboutj/funsurvey-2019.pdf（2020 年 12 月 10 日アクセス）

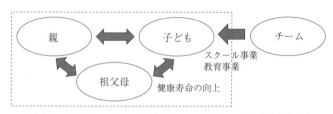

図4-3　スポーツチームの顧客マーケティング（筆者作成）

ファジアーノ岡山の試合が開催される岡山県総合グラウンド陸上競技場（シティライトスタジアム）を通ると、ユニフォームを着た親子連れが多いことに気がつく。スポーツ教育活動を通じて子どもに影響を与えることにより、親も含めた家族へのマーケティング効果になっている。なお、Bリーグの島田チェアマンは講演会で、親だけではなく祖父母を巻き込んで家族間の正のスパイラル循環を実現したい、と述べていた[11]。ここでは、スポーツの観戦による健康寿命の増加というメリットを指摘していた。

　また、試合毎の入場料以外に、ファンクラブ会員やシーズンシートといった収入があるが、その他、川崎フロンターレなどのチームが持株会制度を導入している。Jリーグにおける持株会については武藤（2008）がその特徴について分析している。資金調達の側面として、

11　Bリーグ島田チェアマン講演会「Bリーグの新リーグ構想 ─ 地域との関係性について ─ 」岡山県医師会三木記念ホール、2021年1月28日。

①ファンクラブ会員、シーズンシートに対するクロスセル

②ファンクラブ会員、シーズンシート募集時期以外の資金調達

③サポーター以外の住民からの資金調達

④ファンクラブ会費、シーズンシートより高額（一人当たり）の資金調達

といった特徴を挙げている。投資の動機は、チームを応援したい、ということであり、上場企業の株式のようにキャピタルゲインを期待している投資家はいない、という点も特徴である[12]。しかし、武藤（2008）が指摘するように、持株会会員がそれぞれ所有株式相当に応じた議決権を持つのではなく、持株会総会における意思決定による議決権行使となるため、持株会全体の保有比率がチーム運営に影響する。企業の社員持株会であれば、会員は従業員であるので経営陣との方向性が異なることは考えにくいが、Jリーグの持株会会員はチームに属しておらず、チーム運営側と意見が一致するとは限らない。

　新株予約権付の資金調達を行なったチームが、2020年末にチーム運営をめぐり新株予約権を保有する企業（行使すると過半数を有する）と対立し、チームの経営陣が退陣するという結果となった。チームの資金繰りの問題もあったものと報道され

---

12 米国の大リーグのようにオーナーや株主が売却してキャピタルゲインを得ることもあり得る。

ていたが、資本政策の重要性がわかる事例である。なお、私立美術館は公益財団法人の組織形態が多いが、公益財団法人では評議員会が株式会社の株主総会に相当する。ただし、株式会社が株主という人の集まりに対して法人格が与えられたものに対して、財団は財産に法人格を与え、財産を拠出した人（設立者）が意図した目的のために財産が活用されることを目指している。したがって、公益財団法人の役員（理事）は財産を拠出した設立者が意図した目的のために運営を行う点が、株主総会の意思に従って運営を行う株式会社とは異なっている。評議員会は役員の運営を牽制する機関であり、役員の選任・解任や合併・譲渡といった法人の存続に関わる決定を行うことができる。

　プロスポーツのマネジメントは観客動員とスポンサーとなる企業に対する二重性のマーケティングを行っている。Jリーグのみならずその他のプロスポーツにおいても地域貢献がマーケティングを支える活動であり、地域住民のスポーツチームに対する派遣事業、地域のお祭り、イベントなどへ選手の参加などが代表的な取り組みである。企業に対するマーケティングとして岡山県内のプロスポーツチームに話を伺ったところ、

　①ユニフォームや試合における企業の広告

　②チームの成績

という目に見える効果はマーケティングにおいても説明しやすい、と述べていた。また、イベント等への積極的な選手の派遣

も効果的であるとのことであった。アートプロジェクトや美術館の場合、このような取り組みは困難であり、マーケティングには更なる工夫が必要となる。ユニークな取り組みとしては、岡山のプロサッカーチームであるファジアーノ岡山と大原美術館が 2019 年 5 月に連携協定を締結している。子ども達への教育支援と岡山の活性化を共通の目的とし、「アートとスポーツのまち岡山」という新しい価値観の創出を目指している[13]。これまで述べてきた通り、ミッション、組織構造、運営面でプロスポーツチームと美術館は共通する点が多い。今後の活動が期待されるが、このようなユニークな取り組みはマーケティングを支える地域密着活動となる可能性を持っている。

(2) オーケストラのマーケティング

　岡山県には公益財団法人である岡山文化芸術創造が運営する岡山フィルハーモニック管弦楽団がある。これは、1992 年に岡山県初のプロオーケストラとして創設されている。

　公益財団法人岡山文化芸術創造のミッションは、「岡山の文化芸術の振興に関する、多様な文化事業を創造し展開することにより、地域の文化活動の活性化と、文化芸術を担う次世代の人材育成等を図ることで、市民県民のすこやかで心豊かな生活

---

13 https://www.fagiano-okayama.com/news/p1473054876.html（2020 年 12 月 15 日アクセス）

の向上及び地域社会の発展に寄与すること」とし、文化芸術活動の中核として岡山フィルハーモニック管弦楽団を運営している。市民県民にハイレベルな音楽芸術活動を届けるとともに、未来を担う子どもたちに本物の音楽に触れる機会をつくり豊かな感性と情操を育むことに寄与、岡山の地域ブランド向上を目的とした取り組みを行っている。具体的には、岡山独自の音楽スタイルを持つ「おらがまちのオーケストラ」の実現を目指し、45名の楽団員、うち6名は首席、3名は特別首席を有している（2021年1月現在）。

　岡山フィルハーモニック管弦楽団への「2020賛助会員へのお誘い」のパンフレット[14]には、2018年度の岡山フィルハーモニック管弦楽団の収支報告が掲載されており、収入の内訳は入場料等の演奏料が31%、賛助会員の寄付が14%、県、市、文化庁からが52%となっており、二重性のマーケティングに取り組む運営状況となっている。入場者数を増やすとともに、賛助会員の拡大ならびに市や県へのアプローチを積極的に行っている。

　具体的な取り組みとして、定期演奏会をはじめ、若い演奏家の育成事業、地元演奏団体との共演等、地域における音楽芸術振興の中心的役割を担い、公演回数は年間100回を超えてい

---

14 http://www.okayama-symphonyhall.or.jp/okaphil/pdf/sanjo.pdf（2020年12月15日アクセス）

る。2017 年には公益財団法人日本オーケストラ連盟に加入している。正会員、準会員あわせて 38 団体が加盟しており、加入には基準をクリアし、運営委員会、理事会で承認される必要がある。また、演奏会ごとに異なったゲストが首席奏者を務めていたが、10 名の首席奏者の公募を行い、うち 7 名を採用した。本公募は新聞、テレビ等のメディアに取り上げられ岡山フィルハーモニック管弦楽団の認知が広がった。

　2018 年 10 月には「岡フィルを育てる会」が発足している。会の中核となるメンバーへのアプローチ、メンバーと楽団員との交流による経験価値の向上に取り組み、結果として、2016 年からの 3 年間で企業サポーターと個人サポーターの会員数が 2 倍以上になっている。

　このような取り組みには岡山市の政策的な支援も不可欠であり、岡山市がまとめた政策分野別の現状と課題（2016 年 6 月）の「暮らしに息づく文化芸術の振興」では、「岡山フィルハーモニック管弦楽団の存在が、岡山の都市ブランドの発信につながるよう、地域における文化の担い手としての活躍をより一層支援していく必要がある」としている [15]。このような政策を実現していくためには、オーケストラ側からの市や県へのアプローチが不可欠であり、結果として、二重性のマーケティングによ

---

15 https://www.city.okayama.jp/shisei/cmsfiles/contents/0000016/16578/000259753.pdf（2020 年 12 月 15 日アクセス）

図 4-4　オーケストラのマーケティング（筆者作成）

り資金調達の多様化に結びついている。市や県といった自治体
と企業、個人の支援者へのアプローチは活動の経済的支援とい
う目的は同じであるが、異なるアプローチにもなるため、三重
性のマーケティングといった見方もできる。この原動力となっ
ているのがオーケストラの地域密着活動であることはプロス
ポーツの取り組みと同様である。

(3)　美術活動の国際マーケティング

　政府の「観光ビジョン実現プログラム 2019」に示されるよ
うに、観光は地方創生の切り札、成長戦略の柱となっている。
海外観光客も新型コロナウイルス感染症の前までは右肩上がり
の増加であり、2020 年に東京オリンピックが開催されていれ
ば 4,000 万人の海外観光客の訪日に向けた取り組みが進められ
ていた。日本の観光地として、東京や京都だけではなく、直島
は海外でも著名な観光地となっている。海外の友人に聞くと、

岡山や香川は知らないものの直島は知っており、日本で行きたい場所の一つとして挙げられることが多い。ナショナル・ジオグラフィックの"The Cool List 2019"にも地中美術館とかぼちゃが取り上げられている[16]。また、海外の観光ガイドである「ロンリープラネット（Lonely Planet）」の2010年12月の記事である「日本の芸術の島である直島を訪れる4つの理由」では、①現代アート、②草間彌生の「南瓜」、③007「赤い刺青の男」記念館[17]（2017年閉館）、④都市とは異なる静けさが挙げられている[18]。直島の素晴らしさが世界に評価されたということはあるが、認知度を高めるための取り組みも不可欠である。

　国際的な認知度を高める取り組みとして「ベネッセ賞」がある。ベネッセ賞は1995年にヴェネツィア・ビエンナーレでアーティストの支援を目的としてスタートしている。ヴェネツィア・ビエンナーレは1895年にスタートした芸術の祭典で、イタリアのヴェネツィアで開催、美術、建築、音楽、ダンス、映画、演劇の部門を抱えている[19]。ベネッセ賞は第10回ま

16　https://www.nationalgeographic.co.uk/travel/2018/12/cool-list-2019（2020年12月15日アクセス）

17　2005年7月開館、2017年2月閉館。007原作者イアン・フレミングの後継作家であるレイモンド・ベンソンの作品。舞台が直島であったことから映画化及びロケ誘致の活動が起った。

18　https://www.lonelyplanet.com/articles/4-reasons-to-visit-naoshima-japans-island-of-art（2020年12月15日アクセス）

19　https://www.labiennale.org/en/la-biennale-di-venezia（2020年12月16日

ではヴェネツィアで、2017年の第11回からはシンガポール美術館と共催でシンガポール・ビエンナーレの公式賞として場所を移して開催されている。ヨーロッパからアジアへとマーケティングのターゲットを移す効果もあろう。受賞したアーティストはベネッセアートサイト直島での作品制作、または、作品収蔵の機会が与えられる。

近年はアートプロジェクトや美術館もSNS（Social Networking Service）の取り組みが進んでいる。海外のアートプロジェクトや美術館は英語での発信を行っており、その対象は世界となることが多いが、日本での発信は主に日本語であり、対象は日本国内に留まることも多く、観光立国を目指す我が国の課題でもある。しかし、このような海外で直接的なマーケティングに取り組んでいくことも直島のプレイス・ブランド向上に寄与している。

4-4. 大原美術館のデジタルマーケティング

岡山県倉敷市の大原美術館は2020年に90周年を迎えた日本最初の西洋美術館である。2020年4月から大原美術館の協力を得て、ゼミ（岡山大学経済学部の学生9名とグローバルディスカバリープログラムの学生7名）のフィールドワークと

アクセス）

図4-5　大原美術館

して大原美術館のデジタルマーケティングについて議論を行った。倉敷市の大原美術館と岡山市の岡山大学とでどのように集合して議論するかということが実施上の課題であったが、新型コロナウイルス感染症の影響下で大学の授業はオンラインになっており、オンラインでの打ち合わせは距離を考える必要がなく逆に利点となった。

　ここでのデジタルマーケティングは「インターネットを通じて顧客、潜在顧客と関わるあらゆる手段」とした。対象の手段として代表的な Instagram, Facebook, Twitter を中心に考えることにした。SNSの中核となるユーザーは大学生であり、単に学ぶだけではなく、学生が得意なことを生かして実際のビジネスに有意義なフィードバックを与えられる可能性があり、両者にメリットがあるのではないか、と考えたことがきっかけであ

表 4-1 美術館のフォロワー数（2020 年 4 月 16 日現在：筆者調査）

	Instagram	Twitter	Facebook
メトロポリタン美術館	361.6 万人	436 万人	200.2 万人
テート・モダン	343.6 万人	486.3 万人	122.1 万人
森美術館	17.4 万人	18.4 万人	18.7 万人
東京国立近代美術館	N/A	9 万人	2.5 万人
ポーラ美術館	0.5 万人	3.2 万人	0.5 万人
大原美術館	0.2 万人	1.9 万人	0.5 万人

る。また、岡山という地域の大学として地域創生について考えるというのも目的の一つである。また、美術館入場者の平均年齢が比較的高いということであり、SNSを活用する世代にアプローチすることは入場者層の拡大にも繋がる。デジタルマーケティングの特徴は数字で見える、ということになる。

　マーケティングの目的は幅広いステークホルダーに活動を理解してもらう、すなわち、支援者と入場者を増やすことであるが、フォロワー数とステークホルダーの理解との因果関係は必ずしも明確ではない。因果関係を明らかにしていくのは今後の課題であるが、フォロワー数の増加はデメリットにはならないはずである。

　英語圏の美術館と日本語の美術館を比較するのは SNS の対象ユーザー数の違いを考えれば適当ではないが、参考とした。なお、The Art Newspaper の 2019 年のデータを見ると、メトロポリタン美術館の入場者数は 695 万 3,927 人、テート・モダン

（ロンドン）の入場者数は 586 万 8,562 人である。2018 年度に 27 万 8,730 人の入場者数があった大原美術館にはフォロワー数の増加を含めて潜在的可能性は大きいと考えた。

　マーケティングを検討するにあたり、学生に聞いたところ、大原美術館に一度は行ったことのある学生は多かったものの、その他の美術館を含めて定期的に美術館を訪問する学生はいなかった。

　大原美術館では、「学校まるごと美術館」（倉敷市内小学校を対象）「未就学児童対象プログラム」「チルドレンズ・アート・ミュージアム」など子どもがアートに触れることができるプログラムを提供している。学校まるごと美術館では全校児童が大原美術館の休館日を活用して来館し、教員が美術館で授業を行うというユニークなプログラムである。未就学児童受入プログラムでは年間 25 〜 30 の保育園、幼稚園から園児を受入れている。また、「学校メンバーズ制度」により岡山大学生は無料で入館できる[20]。

　今回の取り組みにあたり、下図のような流れで検討を行っていった。

　まず、大原家や大原美術館の歴史について学び、大原美術館の特徴について議論を行った。

---

20 岡山後楽園や岡山県立美術館、岡山県立博物館にも「キャンパスメンバーズ制度」（2020 年度）により無料で入場できるが、学生のヒアリングからは活用している学生は少ない。

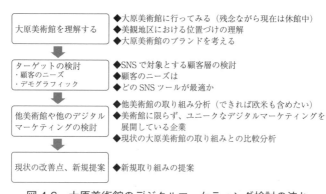

図 4-6　大原美術館のデジタルマーケティング検討の流れ

　また、大原美術館のブランドイメージについて尋ねたところ、学生からは、

■歴史、伝統がある

■外観、建築の美しさ

■地域密着

■保育園、小学校に対する教育の取り組み

■他組織とのコラボレーション（水島臨海鉄道）

が挙げられた。

　大原美術館のブランドイメージを維持しながらどのようにSNSのフォロワーを増やしていくか、が本活動のミッションとなる。

　次いで、デジタルマーケティングで対象となる顧客層の検討であるが、大原美術館の現在の入場者の平均年齢は 40 歳代か

表 4-2　マーケティングの変遷（コトラー他『コトラーのマーケティング 4.0』より）

	コンセプト	時代の特徴	年代
マーケティング 1.0	製品中心	大量生産・大量消費	1950 〜 60 年代
マーケティング 2.0	消費者中心	価値の多様化	1970 〜 90 年代
マーケティング 3.0	人間中心	ビジョン主導	2000 年代
マーケティング 4.0	自己実現	共創の時代	2010 年代〜

ら上が多くなっている。若い年代へのアピールは新たな入場者へとつながる。大原美術館（公益財団法人大原美術館）の経営の特徴として他の美術館と比較して入館料収入の割合が高いことが挙げられる。2019 年度は入館料収入が経常収益に占める割合は 81.2％に達している[21]。SNS は大学生を含めた若い世代の利用度が高く、顧客層の拡大へ繋がる可能性が高いと言える。

　Kotler（2017）ではマーケティングの変遷について表 4-2 のように示している。

　マーケティング 3.0 ではインターネットが普及し、企業と消費者の双方向のコミュニケーションが可能になった。結果として、商品やサービスによって得られる価値は何か、提供する企

21　公益財団法人大原美術館 2020 年度事業報告書（https://www.ohara.or.jp/pdf/R01jigyo.pdf）より算出。（2020 年 6 月 15 日アクセス）

表 4-3　5A モデル（コトラー他『コトラーのマーケティング 4.0』より作成）

	顧客の行動	考えられるタッチポイント	顧客の主な感想
認知 （Aware）	顧客は過去の体験やマーケティングコミュニケーション、それに他者の推奨から受動的にたくさんのブランドを知らされる	他者からブランドのことを聞かされる たまたまブランドの広告に触れる 過去の経験を思い出す	知っている
訴求 （Appeal）	顧客は自分が聞かされたメッセージを処理し、少数のブランドだけに惹きつけられる。	ブランドに引きつけられる 検討対象にする少数のブランドを選ぶ	大好きだ
調査 （Ask）	顧客は好奇心に駆られて積極的に調査し、友人や家族から、またメディアから、さらにはブランドから直接、追加情報を得ようとする	友人に電話をしてアドバイスを求める オンラインで製品レビューを検索する 価格を比較する	よいと確信している
行動 （Act）	追加情報によって感動を強化された顧客は特定のブランドを購入する。そして購入、使用、サービスのプロセスを通じて深く交流する	店舗かオンラインで購入する 製品を初めて使う 問題について苦情を言う サービスを受ける	購入するつもりだ
推奨 （Advocate）	時と共に、顧客は当該ブランドに対する強いロイヤリティを育む。それは顧客維持、再購入、そして最終的には他者への推奨に表れる	そのブランドを使い続ける そのブランドを再購入する そのブランドを他者に推奨する	推奨するつもりだ

業の社会貢献、ミッションやビジョンが重視されるようになってきた。マーケティング 4.0 におけるツールとしてのSNSの特徴は消費者同士の繋がり（コミュニティの形成）であり、消費者は対象とするブランドのみならずコミュニティの影響を受ける点である。デジタルマーケティングを検討するにあたり、どのようにコミュニティと関係性を築いていくか（共創するか）ということが視点となる。スマートフォンの普及に伴う移動性や接続性が背景となっている。

　また、従来の消費行動モデルである AIDMA（Attention：注意→Interest：興味→Desire：欲求→Memory：記憶→Action：行動）から表4-3 に示す 5Aへの変化について述べている。コトラー（2017）では「マーケティング 4.0 の究極の目標は、顧客を認知から推奨へ進ませることである」としている。このような消費行動モデルとして電通が 2004 年に提唱したAISAS（Attention：注意→Interest：興味→Search：検索→Action：行動→Share：共有）がある。5Aモデルと AISAS モデルを比較すると、5Aモデルはオンライン、オフラインを問わない幅広い定義となっている。このようにモノやサービスを購入するだけではなく、経験をコミュニティで共有、推奨するところまでが含まれることが特徴となっている。

　学生を国内と海外担当に分けて、他の美術館との比較を行った。新国立美術館、森美術館、MOA美術館、金沢 21 世紀美術館、大塚国際美術館、青森県立美術館、MIHO Museum（甲

賀市)、ポーラ美術館、ナショナルギャラリー（ロンドン）、ロサンゼルス郡立美術館、ホイットニー美術館（ニューヨーク）、アラリオ美術館（韓国）、J・ポール・ゲッティ美術館（ロサンゼルス）、オランジュリー美術館（パリ）、テート・モダン（ロンドン）等の多様な美術館でのSNSの取り組みが報告された。一例として、J・ポール・ゲッティ美術館（J. Paul Getty Museum）を取り上げる。J・ポール・ゲッティ美術館は 1954 年ロサンゼルスに設立され、2006 年にはマリブにも設立されている。また、2016 年には 200 万人を超える入場者数が訪れている。話題の取り組みとしては、任天堂Switch用のソフトウェア「あつまれどうぶつの森」で美術館の作品をデジタル化してシェアできる機能「アートジェネレーター」を公開している[22]。また、人気テレビシリーズである「ゲーム・オブ・スローンズ」とタイアップして「ゲッティ・オブ・スローンズ」と称するシリーズの投稿もある。J・ポール・ゲッティ美術館と大原美術館のインスタグラムの投稿を比較すると表 4-4 のようになっている。

　J・ポール・ゲッティ美術館では投稿の幅が広く、所蔵作品に関する投稿が圧倒的に多いのが特徴である。同様に、東京都港区の森美術館のデジタルマーケティングの特徴も作品のシェ

22　メトロポリタン美術館も「あつまれどうぶつの森」でデジタル化した 40 万点の作品をシェアできる機能を提供している。大原美術館も同じく作品のシェアが可能になっている。

表4-4　大原美術館とJ・ポール・ゲッティ美術館のインスタグラムの投稿比較（学生による調査）

2019年4月〜2020年5月	大原美術館	J・ポール・ゲッティ美術館
総投稿数	77	391
① PR・実施報告	67	27
②美術館の裏側	1	
③挨拶、記念日など	2	5
④フォロワー参加型	3	14
⑤アート作品	3	292
⑥パロディ等		25
⑦人物紹介		11
⑧その他	1	17

アとなっている。美術館内で写真を取ることができる。また、展覧会の会期前に中心となる作品をSNSに投稿している。このような取り組みが森美術館の強みとなっているのだが、ここがまずハードルとなる。作品を所有しているのは美術館であるが、著作権は別の議論になる[23]。森美術館ではアーティストとの出展契約のプロセスのなかに、撮影についての許可を得ることも含めており、作品をシェアすることが可能となっている。今回の取り組みでは作品をシェアしない、という前提でどのようにマーケティングを展開するか、ということが一つの課題と

---

23 著作権の存続期間は著作者の死後70年間（著作権法第51条）。フラッシュによる作品の劣化や他の鑑賞者の邪魔になる行為から撮影が禁止されることもあり、美術館の管理者の施設管理権は侵害できない。

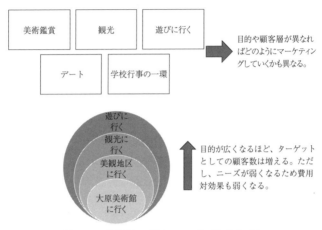

図 4-7　美術館の顧客ニーズ（筆者作成）

なった。

　美術館の顧客ニーズによりマーケティングは変化する。

　このような観点を踏まえて学生に提案を行ってもらった。例えば、

■「○○×アート」。アートと異分野の掛け合わせで映像を作成し、SNSに投稿する。例えば、ビジネス×アート、美術館でのファッションショー。岡山にゆかりある著名人とのコラボレーション。ファッションや生活スタイルとのリンクも提案された。

■イルミネーションやプロジェクション・マッピングのイベント実施。SNSによる拡散を行う。

■大原美術館が支援する現代アーティストを取り上げ、「作品」だけではなく、「作り手」が見えるような投稿。

　大原美術館からの協力を得て、企画の第一弾として、「大原フォトジェニック美術館」を開催している[24]。意外であったのは、美術館の敷居が高いということを話す学生が多かったことである。SNSを通じて敷居を下げる可能性は感じており、今後とも実現可能な企画を提案できるように取り組んでいきたい。

24　https://www.ohara.or.jp/news/5872/　（2021年1月15日アクセス）

5. 企業のCSRと芸術文化投資

　これまで述べてきたように、アートプロジェクトや美術館は地域創生を担う役割が期待されているが、入場料や物品の販売だけではその費用を賄うことが困難であり、経済的資源を提供する国、自治体、寄付を行う組織、個人といった直接的受益者以外の支援が不可欠となっている。我が国の財政問題、コロナ感染症の影響などアートプロジェクトや美術館の資金調達の環境は悪化しており、独立行政法人、公立、私立を問わず、持続的な運営のための幅広い支援を獲得することは一つの経営課題と言える。

　本章では潜在的な支援者である企業の動向について検討する。企業のCSR、SDGsなど社会活動への取り組みは積極化し、芸術文化投資への可能性は高くなっている。また、企業スポーツから地域密着型のスポーツチームへの転換は、芸術文化の将来を検討する上での参考となる。企業の社会的責任に関する動向を整理した上で、芸術文化投資への取り組みや可能性について考察する。

5-1. 企業メセナと企業スポーツ

　企業が主として芸術文化支援を行うことは「メセナ」と呼ばれている。もともとフランス語で文化の擁護を意味しており、日本では公益社団法人企業メセナ協議会をはじめとする取り組みが見られる。企業メセナ協議会の「2019年度メセナ活動実績調査」によると、メセナ取り組みの目的として、「芸術文化振興のため」とする回答が89.8%、「芸術文化による社会課題解決のため」が62.8%、「社業との関連、企業としての価値創造のため」が86.5%となっている。また、このなかで特に重視する点として、「芸術・文化全般の振興」が74.3%、「地域文化の振興」が58.0%、の2点が高くなっており、地域を重視する傾向が続く、と分析されている。

　また、「2017年度メセナ活動実績調査」では、1991年度から2016年度までの1社あたりの平均メセナ活動費総額と活動費総額合計の推移を示している（図5-1）。年度により調査を行なった企業数は異なるため活動費総額合計の推移は参考となるが、一社あたりの平均を見るとやはり、企業の事業環境から受ける影響が大きい。バブル崩壊と言われる1991年から下がり続け、いったん戻していくものの、1997年のアジア通貨危機、1997年の山一證券の自主廃業や1998年の日本長期信用銀行の国有化などの金融問題による第2次平成不況により活動

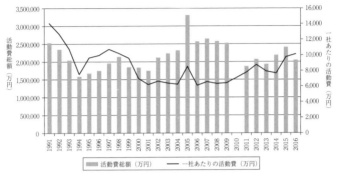

図 5-1　一社あたりの平均メセナ活動費総額と活動費総額合計の推
移（企業メセナ協議会『2017 年メセナ活動実績調査』よ
り作成）

費も下がっていき、2000 年の IT バブル崩壊などにより活動費
が伸び悩む。日本経済団体連合会が CSR に対する基本的な考
え方を出した 2004 年には増加傾向となるが、その後、2008 年
のリーマンショックなどの影響が見られる。近年は、2015 年
の SDGs や企業の CSR に対する意識の高まりにより、伸びて
いる状況となっている。このように企業のメセナ活動はその事
業環境に影響を受けることになる。

　同様に企業スポーツへの投資も事業環境の影響を受けてき
た。澤野（2005）は企業スポーツを「企業がスポーツ選手を
従業員として雇用し、企業の金銭を含む物理的援助・サポート
のもとで、仕事の一環として，あるいは終業後におこなうス
ポーツ活動」としている。企業スポーツは企業の事業とはして

いない点がプロスポーツとは異なっている。福田（2010）は
その歴史について「企業スポーツは日本的経営が確立される過
程で必要とされた労働運動の抑制といった労務政策や従業員の
健康増進といった福利厚生策の中で誕生した。アマチュアリズ
ムの影響によって企業の経済活動に直接貢献することは否定さ
れたが、マスメディアの発展に伴うパブリシティ効果を利用
し、企業は企業スポーツを自社のプロモーションに活用した。
このため、企業は企業スポーツの強化へ投資を続けた。高度経
済成長による潤沢な資金力や安定的な経営基盤に支えられなが
ら、企業スポーツはわが国の競技スポーツにおける中心的な存
在となっていった。しかし、長い年月をかけて構築されたこの
構図は、日本的経営の変容、経済環境の悪化、メディアの更な
る発展とスポーツのプロ化・国際化によって 1990 年代から急
激に崩壊した」と述べている。また、企業スポーツの撤退論理
として、

　①競技力低下による撤退モデル

　②プロモーション機能の低下に伴う撤退モデル

　③本業重視による撤退モデル

　④保有意義の希薄化による撤退モデル

　⑤企業スポーツクラブ内での「選択と集中」モデル

を挙げている。④に関しては、クラブの保有意義が経営者に
よってその捉え方が異なる点が指摘されており、社長の代替
わりによって消滅したクラブも多い、としている。また、中村

（2019）は、企業スポーツの休廃部について分析を行い、経済的要因として親会社の経済危機の大きさ、社会的要因として、終身雇用制の崩壊、外国人投資家の台頭、規範的な同型化圧力の影響を確認している。後者については近年積極化してきたCSRやSDGsへの取り組みにも影響を与えている。

　企業スポーツにおいて企業業績が与える影響は大きい。例えば、リーマンショック後には田崎真珠の女子サッカー（2008年）、本田技研工業のF1（2008年）、スズキや富士重工業（現SUBARU）の世界ラリー選手権（WRC）（2008年）、日産自動車の野球、卓球、陸上（2009年）をはじめとして、多くの企業スポーツ活動が停止している。やはり、「スポーツチームを所有・支援する企業にとって、コストに見合った経営上のメリットが感じられなければ、今後も企業のスポーツ離れは止まらないのではないだろうか」[1]といった指摘がある。企業スポーツは人件費、施設費、スポーツ団体への登録、遠征費、場合によってはチケットの買い取り費用などその支出は大きく、コストに見合った経営上のメリットを得るのは難しい。

　企業メセナについて考えてみると、図5-1の一社あたりの活動費は2016年で平均1億130万円となっており、企業規模にもよるが、経営への影響が少なくはない。私立美術館において

1　三崎冨査雄（2009）「廃部続出！企業スポーツとは何か」https://imidas.jp/jijikaitai/l-40-080-09-04-g315（2020年12月20日アクセス）

は、ポーラ美術館や地中美術館のように特定の企業による支援を受けるものと大原美術館や山種美術館のようにそうではないものがある。いずれも公益財団法人の形態が多く、運営には資産として保有する有価証券や不動産の運用益が不可欠である。

　特定の企業による支援を得ている美術館では、公益財団法人がオーナー等から株式の寄付を受け、その配当が美術館収入に占める比率が高くなっている。企業からの直接の寄付や人的資源の支援を受ける事例も見られるが、これらは企業スポーツ同様、企業業績の影響を受ける。企業の業績悪化時に運営資金の多くを占める配当が仮に半分になれば、財団の運営活動は見直しを要求される。業績により配当が半分になることは十分にあり得る。

　企業スポーツでは一社が抱える構造から、地域の様々な支援により運営される仕組みへの転換が図るチームが増えている。プロ化してもバスケットボールのアルバック東京のように大半の株式を1社で保有する事例（トヨタ自動車）もあるが、前章で述べた川崎フロンターレ、バレーボールの岡山シーガルズは地域の様々の支援により地域密着を目指している。このような転換はプロスポーツ同様、二重のマーケティングが必要となるアートプロジェクトや美術館運営に対する示唆となっている。

5-2. 現代における企業の社会的責任

　瀬戸内の直島、豊島、犬島ではベネッセによるベネッセアートサイト直島が展開されており、瀬戸内国際芸術祭の中核も担っている。加藤（2018）は、「福武總一郎は、公益資本主義の重要性を説いている。企業活動によって生み出された資本を公益法人に投入することにより、私的資本を社会資本として蓄積するというスキームを提唱する。これによって企業活動で得た利益を公益財団を通して社会に再配分する」と述べている。公益資本主義推進協議会は公益資本主義を「企業を社会的存在ととらえ、株主の利益のみを優先するのではなく、社員とその家族・顧客・取引先・地域社会などステークホルダー全体への貢献（公益）を重視する資本主義」[2]と定義している。

　加藤（2018）は社会的投資の特徴を

①せっかく投資してみても、その利益を自分が得られるとは限らない。自分が含まれる可能性はあるが、幅広く社会全体が受ける利益の方がはるかに大きいことがある。

②得られる利益はお金でないことが多い。たとえば、心を豊かにするという、金銭には換算できない利益が得られる。もっとも、経済にだけ凝り固まっていると、この大きな利

---

2 https://picc.or.jp/action_index.html（2021年1月15日アクセス）

　益に気づかない貧困な人生を送ることになる。

③投資をし続けていても、一体いつ芽がでるのかわからない。投資効果の現れる時期をあらかじめ想定することが極めて困難である。海のものとも山のものともしれない人々の営みに、報われるかどうかもわからないで投資をしなければならないのが、社会的投資というものである。

と述べている。企業が事業に投資を行う（経済的投資）場合、一般的に、リスク（不確実性）とリターン（期待収益）を考慮して行われる。対して、社会的投資はリターンがわかりにくい、つまり、経済的な視点である企業価値創出と社会的投資が相反する取り組みとも理解できる。

　しかし、企業の社会的責任の意識は高くなっており、例えば、2015年に国連で採択されたSDGsに対しても取り組みが活発化している。岡山県の経済団体である岡山経済同友会でもSDGsへの取り組みを積極的に行っており、事業計画（2020年）の基本方針でも言及している[3]。

　我が国では、取引の当事者だけではなく幅広く社会の利益も重視する、という考え方は江戸時代に遡る。近江商人の「三方よし」は「売り手よし」「買い手よし」「世間よし」である。加賀田（2010）は、欧米ではすでに1924年の論文においてCSRの記述がある、と述べている。CSRの歴史はこのように長い

3　http://okadoyu.jp/action/business/（2020年12月20日アクセス）

が、芸術文化と企業の関わりという視点では、現在の企業経営におけるCSRの位置づけが重要となる。関（2018）は、「現代的な意味での企業の社会的責任（CSR）の概念が形成され、急速に国際的な認知が広がってきたのは、2000年以降のことだと考えられる」としている。

　加賀田（2010）は、「90年代以降、環境破壊、人権、貧困、紛争、差別など、グローバリゼーションの進行する過程で生じる様々な問題に関する国際的な議論が進展する中で、これら諸問題に関する企業の責任と、その解決のために企業の積極的な対応を強く求める動きが国際社会の様々な機関・組織から見られるようになったことである」としている。例えば、1999年の世界経済フォーラム（ダボス会議）で当時の国連事務総長であったコフィー・アナンが「世界共通の理念と市場の力を結びつける力を探りましょう。民間企業のもつ創造力を結集し、弱い立場にある人々の願いや未来世代の必要に応えていこうではありませんか」と述べ、「人間の顔をしたグローバリゼーション」への取り組みを促したことなどが挙げられよう[4]。これは、国連から直接企業経営層へのメッセージという点からも注目され、国連グローバル・コンパクトとして発足、現在も活動している。持続可能な発展がキーワードであり、現在のSDGsにつながっている。持続可能な発展とは1987年の「環境と開発

4　https://www.ungcjn.org/gc/（2020年12月20日アクセス）

に関する世界委員会」（ブルントライト委員会、委員長：ブル
ントライトノルウェー首相（当時））が公表した報告書「Our
Common Future」の中心的な考え方として取り上げた概念で、
「将来の世代の欲求を満たしつつ、現在の世代の欲求も満足さ
せるような開発」（外務省訳）のことを言う⁵。この持続可能な
発展について加賀田（2010）は、「もともと地球環境や経済社
会の持続性を意味していたが、それを実現するには、環境問題
への個別対応のみならず、この問題にも複雑に関連する南北格
差、貧困、失業、人権、まだ生まれていない未来世代と現在世
代間の公平といった、現代社会の抱える諸問題の解決を含め
て、総合的、整合的、包括的な問題として考えていくことが不
可欠であるとの認識から、極めて多様な意味概念が含まれるよ
うになった」としている。

　また、企業経営との関連については、「現代産業社会の主要
な担い手としての企業が、財・サービス等の設計・製造・運
送・販売のあらゆる段階で環境負荷をコントロールできる立場
にあり、真に持続可能な社会を目指すならば、現在の経済社会
とその担い手である企業の経営が従来のシステムから大きく転
換することなしに、現代文明が直面する問題に対応することが
できないと言う認識が広がりつつあったことが挙げられる」と

5　https://www.mofa.go.jp/mofaj/gaiko/kankyo/sogo/kaihatsu.html（2020 年
12 月 20 日アクセス）

している。

　我が国では、経済同友会が2003年に第15回企業白書「市場の進化と社会的責任経営」を発表している。これは、CSRが法令遵守や慈善活動にとどまらず、企業が事業活動を通じて社会に好影響をもたらし、そのような企業の取り組みが市場で評価されることによって、企業と社会が相乗的・持続的に発展することを目指している。また、日本経済団体連合会（以下経団連）は2004年に「企業の社会的責任（CSR）を推進するにあたっての考え方」を発表している。CSRの推進に積極的に取り組むとした上で、官主導ではなく、民間の自主的取り組みによって進められるべきである、としている[6]。

　経団連が2009年に実施した「CSR（社会的責任）に関するアンケート調査」によると、CSR基本方針の明文化やCSR専門部署の設置は2004年〜2006年に取り組んだ企業が最も多くなっている[7]。2000年以降の国際的認知の拡大や我が国の経済団体の流れを受けて、企業においてもCSR推進体制・制度導入が進んでいった。

　経団連はもともと1991年に相次いだ証券・金融不祥事を受

---

6 米国や欧州でも産業界はISO（国際標準化機構）による規格化に反対する動きがあったが、日本でも同様の動きとなった。社会的責任の国際規定、ISO26000は要求事項がなく、認証規定としては用いられていない。

7 http://www.keidanren.or.jp/japanese/policy/2009/075/honbun.pdf#page=11（2020年12月21日アクセス）

けて「経団連企業行動憲章」を制定・発表している。倫理や
環境について述べられている「企業の社会的役割を果たす7
原則」が含まれている[8]。2015 年の SDGs や Society5.0 を受けて
2017 年に経団連は企業行動憲章の 5 回目の改定を行っている。
なお、Society5.0 は内閣府では、「サイバー空間とフィジカル
空間を高度に融合させることにより、地域、年齢、性別、言語
等による格差なく、多様なニーズ、潜在的なニーズにきめ細か
に対応したモノやサービスを提供することで、経済的発展と社
会的課題の解決を両立し、人々が快適で活力に満ちた質の高い
生活を送ることのできる、人間中心の社会」としている[9]。この
ような未来を実現していくために、「CSR イコール本業とは関
係のない社会貢献という理解」の位置づけではなく、企業経営
そのものに組み込むことが必要となる。

　日本創生会議は 2016 年に 2040 年に全国 896 の市区町村が
「消滅可能都市[10]」に該当すると推計している（増田レポート）[11]。
日本社会は少子高齢化が進んでいくが、地域経済が安定し、

---

8 http://www.keidanren.or.jp/japanese/policy/1991/024.html（2020 年 12 月
21 日アクセス）

9 https://www8.cao.go.jp/cstp/tyousakai/juyoukadai/infra_fukkou/12kai/
sanko2.pdf（2020 年 12 月 21 日アクセス）

10 2010 年から 2040 年にかけて、20 ～ 39 歳の若年女性人口が 5 割以下に
減少する市区町村。

11 https://www.mlit.go.jp/pri/kouenkai/syousai/pdf/b-141105_2.pdf（2020 年
12 月 21 日アクセス）

人々が快適で安心な暮らしを営んでいけるような持続可能な地域社会の形成が求められている。企業の持続可能性に対する意識が高まるなか、魅力的な地域社会を構築するための社会的投資が期待される。しかし、企業にとって、事業を展開し、従業員が暮らす地域が魅力的になることはプラスだが、やはりその企業への直接的な効果がわかりにくい。

マイケルポーターが提唱したCSV（Creating Shared Value: 共通価値の創造）についても取り組む企業が増えている。共通価値とは、「企業の競争力を向上させながら、同時に、事業を展開するコミュニティの経済的かつ社会的な状況を向上させるための取り組み」とされている。Porter and Kramer（2011）はネスレが生産性や品質の課題が多かった調達先であるコーヒー豆の農家に対して、銀行からの借入を保証、農薬や肥料の支援、アドバイスを行うことにより農家の品質、生産性や収入を向上させることができ、結果として自社製品の価値を高めていった事例や、ジョンソン・エンド・ジョンソンが従業員の禁煙に対する助成など健康に関するプログラムを提供することにより医療費用を2億5,000万ドル削減した事例などが述べられている。

関（2018）はCSVを「社会的な課題の解決が企業価値の向上につながり、企業と社会双方に新たな価値をもたらす。したがって企業は社会との共通価値の創造を事業戦略とすべし」とまとめている。これまで「CSRイコール本業とは関係のない

社会貢献」から企業の価値創造にまで言及した点は、企業に
とっても受け入れやすい概念である。ネスレやキリンホール
ディングスなどがCSVの活動報告を行っている。

　他方、CSRとCSVが社会的課題に向き合っていることは共
通しているものの、CSVは事業として社会活動に取り組むも
のでCSRは事業とは別の社会活動と分けて捉えられることも
多い。しかし、EU（European Union：欧州連合）では、

　■社会、環境、倫理、顧客、人権に関する課題を事業戦略と
　　オペレーションに組み込むこと

　■法律を遵守すること

この2点により社会的責任を果たす、としている[12]。このよう
に、「CSRイコール事業とは別の社会貢献」といった考え方
ではなく、CSRは事業戦略の中で取り扱われるべきであり、
CSVはCSRのあり方の一つと言える。

　これまでのCSR活動に関する情報開示は、社会貢献活動の
アピールやリスクマネジメント対策が主な目的になっていると
いう印象も強く、誰をターゲットとして報告するのかわかりに
くい面も見られた。しかし、近年では、企業ブランドの向上や
従業員、取引先との関係強化など、報告書の目的が多様化して
いる。つまり、企業のCSR活動の目的が経営に則したものに

12　https://ec.europa.eu/growth/industry/sustainability/corporate-social-
responsibility_en（2020年12月21日アクセス）

変化している。

　アートプロジェクトや美術館は社会的価値を創出し、プレイスブランドを構築する資源である。企業がCSR活動を積極化していることは、アートプロジェクトや美術館にとって連携の可能性が広がっていることである。これはアートプロジェクトや美術館の資金調達の多様化の視点からも重要である。ミッションや中期的な取り組みを企業に理解してもらい、連携してどのような価値が創出できるのかを検討していくことが可能な環境となっている。我が国の財政状況は他の先進国と比べても良好とは言えず、企業の事業環境も不安定さを増している。2020年の新型コロナウイルス感染症はその不確実性を増しており、現在の資金調達が中長期的に維持できるとは限らない。アートマネジメントにおいても企業スポーツが地域密着型を目指したように、多様な企業との連携を積極的に推進する必要があるのではなかろうか。

5-3. ESG投資と企業活動への影響

　企業にとっての重要なステークホルダーは株主である。かつては財務諸表が情報開示の中心であったが、事業環境が変化するなか、企業の実態の把握や将来の予想が困難であることから「事業等のリスク」「経営成績及びキャッシュフローの状況の分析（MD&A：Management Discussion and Analysis）」「コー

ポレート・ガバナンスに関する状況」といった項目が加えら
れ、2008年からは四半期報告がされることとなった。そもそ
も企業価値は将来の収益の現在価値であり、株主にとっては
将来の企業経営を予想する情報が必要である。さらに、2011
年には国際統合報告評議会（International Integrated Reporting
Committee: IIRC）が統合報告に関するディスカッションペー
パーを公表し、統合報告書を作成する企業も増えている。

　統合報告とは、「組織が事業を行う商業上、社会上及び環境
上のコンテクストを反映しつつ、組織の戦略、ガバナンス、業
績及び見通しに関する重要な情報をまとめ上げるものである」
（IIRC：日本公認会計士協会訳）である。2008年のリーマン
ショックの要因の一つは投資家の短期的な見方であり、従来の
財務情報を中心とする開示が投資家の短期志向を促進し、企業
経営の短期志向化を招いたとされている。短期志向を是正する
ための企業報告のあり方として、統合報告が提示されている。
「統合」されるものは財務報告書、CSR報告書、アニュアル
レポートなどすべての開示情報が含まれる。財務情報とESG
（Environmental, Social and Governance：環境、社会、企業統
治）情報を合わせたものが統合報告との見方もあるが、統合さ
れた情報が有機的に結合され、ストーリーとして投資家に伝わ
るか、ということが重要になる。長期的な企業経営の視点とし
て、経済価値のみならず社会価値を創出、社会課題を解決でき
るビジネスモデルを構築していけるか、とも解釈できる。

　2006年に国連がPRI（Principles for Responsible Investment: 責任投資原則）を提唱している。機関投資家の意思決定プロセスにESG課題を反映させるべきとしたガイドラインである。2015年には世界最大級の年金基金運用を行う年金積立金管理運用独立行政法人（GPIF）がPRIに署名している。GPIFは約151兆円の資産を運用している。2019年度のGPIFのESG活動報告を見ると、ESG指数に連動する運用資産額は5.7兆円、グリーンボンド等への投資額は0.4兆円になっており、合計すると6.1兆円になる。それ以外の投資もESG投資の手法を反映しており、実質的に全額がESG投資になっている。なお、GPIFは有価証券を直接売買しているわけではなく、運用会社を通じて投資を行っている。「ESGを投資分析及び投資決定に明示的かつ体系的に組み込むこと」をESGインテグレーションとし、運用会社の評価を行っている。

　また、投資先である企業との対話を促すスチュワードシップについても運用会社の評価項目となっている[13]。すなわち、企業のESGへの取り組みを評価して投資を行い、（運用会社を通じて）企業との対話も行っている。投資家のこのような動向は企業活動にも影響を与える。エンゲージメント（企業と株主、

---

13 スチュワードシップ活動やエンゲージメント活動の対象は投資先企業に限られたものではなく指数会社、規制当局や取引所等、すべての市場関係者がインベストメントチェーンの中で重要との視点から含まれる。（GPIF『2019年度ESG活動報告』）

機関投資家との建設的な対話）や議決権行使といった手法を通じてESGへの取り組み要求が厳しくなる、ということである。

　しかし、投資家にとって重要な点は、投資先からのリターンである。企業の社会的活動が財務パフォーマンスとどのような関連性があるか、ということが重要である。社会的活動が企業にコスト負担を求める、といった考え方もある一方、社会的活動に積極的な企業は外部ステークホルダーに対する意識が高く、企業のブランド構築に寄与する。また、そもそも社会的活動への意識が高い企業は財務的に余裕のある企業である、といった考え方もできる。首藤、増子、若園（2006）はSRI（Social Responsible Investment：社会的責任投資）インデックスに含まれる企業をCSR活動に積極的として、企業パフォーマンスの比較を行っている。「明確な方針をもったCSRへの取り組みは、コストはかかるが企業が直面するリスクの軽減に有効な戦略であること、CSRは少なくともリスク管理の面で企業ガバナンスの重要な要素の一つであり、資本市場における投資決定に影響を与える要素となっている可能性が示唆される。ただし、リスクの軽減にコストがかかり収益性を圧迫している可能性も否定できない」としている。Friede, Busch and Bassen (2015)は1970年代からの約2,200のESGと投資リターンに関する実証研究の調査を行い、約90％がESGと投資リターンに関してネガティブではない関係性があり、ESGが投資パフォーマンスに与えるプラスの影響は長期間安定的であった、として

表 5-1　ESG投資の種類（『Global Sustainable Investment Review 2018』より作成）

投資手法	内容
ネガティブスクリーニング	ESG の基準に反した企業や業種をポートフォリオから外す。
ポジティブスクリーニング	ESG の基準を満たす業種や業種内でスコアの高い企業への投資。
国際基準に基づくスクリーニング	国連や OECD といった組織の国際基準を考慮した投資。
ESG インテグレーション	投資先の選定で財務情報だけではなく ESG 情報も含めて行う投資。
サステナビリティ投資	サステナビリティに関連するテーマを取り扱った投資（例：クリーンエネルギーやグリーンテクノロジー）。
インパクト投資	社会課題や環境問題を解決することを目的とした投資。
エンゲージメント・議決権行使	ESG の課題に関して、企業との対話や議決権行使を行うもの。

いる。

　Global Sustainable Investment Alliance (GSIA)の 2018 年度の Global Sustainable Investment Reviewによると、ESG投資の総額は 30.7 兆ドルに達しており、2 年間で 34％の上昇率となっている。日本最大の投資家であるGPIFが主に活用している「ESGインテグレーション」、及び「エンゲージメントや議決権行使」といった投資手法は、企業のESGに関する取り組みに強い影響を与えるものと考えられる。

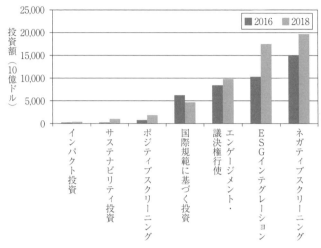

図5-2　ESG投資の手法別投資額（『Global Sustainable Investment Review 2018』より作成）

　ESG投資の手法別投資額を見ると、ネガティブスクリーニングが最も多くなっている。基準から外れた企業や業種に投資しない、というのは取り組みやすいという点が挙げられる。他方、エンゲージメント・議決権行使は比較的手間のかかる投資手法であるが、投資額が3番目であるというのは投資家のESG投資への意識が高い、とも理解できる。ただし、ESGといっても幅広い領域である。MSCI（モルガン・スタンレーキャピタルインターナショナル）などいくつかの組織がESG格付を行なっているが、格付の統一性も高いとは言い難く、わかりにくい面も有している。

　日本政策投資銀行が2004年から取り組んでいる「環境格付融資」のような取り組みは企業にとってわかりやすい。これは、環境経営への取り組みが優れた企業を評価・選定し、その評価に応じて融資条件を設定するもので、環境への取り組みが優れていれば優遇された金利で資金調達ができる[14]。これは企業にとって環境経営に取り組むインセンティブになる。金融機関側は、環境経営に積極的に取り組む企業の債務支払能力は高いと判断しているものと考えられる。さらに、企業にとっては環境経営に取り組んでいるといった広告宣伝効果が得られる。また、以前からオーバーバンキング（ここでは金融機関の数が多いものとする）が言われている我が国では、金融機関間の競争が激しくなっており、差別化ができる金融商品ともなりうる。つまり、企業、金融機関双方にメリットがある取り組みになっている。

　最近、多くの企業の方がSDGsバッジ（SDGsの17の目標に合わせ、17色の円形のロゴになっている）をつけている。持続可能な社会に向けて、社会活動への意識が高くなっている。企業の事業環境が変化していく中、芸術文化投資への可能性も広がっている。双方にメリットがある取り組みを推進していくことにより地域創生を実現していけるのではなかろうか。

---

14 https://www.dbj-sustainability-rating.jp/enviro/overview.html（2020年12月22日アクセス）

5-4.　企業と芸術文化による価値創造

　これまで述べてきた通り、プロスポーツ、アートプロジェクトや美術館は地域創生の重要な資源となっている。しかし、企業のプロスポーツチームのスポンサーや芸術文化投資はどちらかと言えば、「事業とは関係のない寄付活動」と捉えられることが多い。

　芸術文化活動の地域にとっての好影響として、定住、交流人口（観光等）の増加が期待される。これは、自治体における地方創生の目標として掲げられることが多い。瀬戸内国際芸術祭が開催される直島では他地域からの移住も見られるが、全体の減少傾向については止めることができない。他方、交流人口を見ると年々増加している。直島の場合、住民が減少しているにもかかわらず、町の歳入は増加傾向にあり、アート活動に伴う影響とも考えられる [15]。また、教育、健康、福祉といった効果も挙げられるが、このような社会的価値は効果が見えにくい、といった側面を有しており、「事業とは関係のない寄付活動」と捉えられることとなる。

　なお、図5-4は直島町の各施設を訪れた観光客数である。施

15　直島町統計情報（http://www.town.naoshima.lg.jp/smph/government/gaiyo/toukei/zaisei20191113.html）（2020年12月22日アクセス）

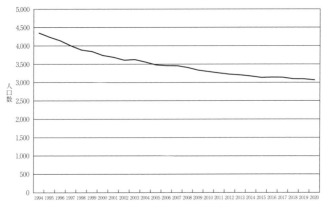

図 5-3　直島町の人口推移

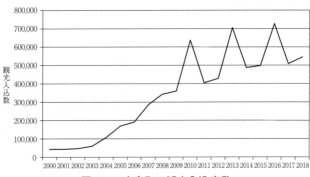

図 5-4　直島町の観光入込客数

設間のダブルカウントも含まれているものの、その傾向はわかる。年々観光客数が増加傾向であり、瀬戸内国際芸術祭が実施される年度は観光客数が増えている。

　プロスポーツで見られるのがスクール事業である。Jリーグでは下部組織として、ジュニアユースのチームを有することも多い。また、その他のプロスポーツでも地域のクラブチームなどへのスクール事業を展開している。例えば、岡山県のBリーグのチームであるトライフープであれば、岡山市、倉敷市、津山市で中学生までのスクールを展開している。このようなスポーツを通じた教育活動により、子どもたちのみならず、その親を含めたファン層の獲得も期待できる。前述の大原美術館によるチルドレンズミュージアムも子どもへの教育活動のみならず、美術に対する関心の高い層を増やしていくことが期待される。地域にとっては重要な活動であるが、寄付を行う企業にとっては直接的なメリットを測定するのは難しい。

　プロスポーツであれば、ユニフォームや試合会場に企業名を掲載することによる直接的な広告宣伝効果が得られる。しかし、Bリーグの島田チェアマンは講演にて、「単にスポンサーのロゴを試合やユニフォームに出すだけではなく、スポンサー企業の従業員に満足してもらうことが必要である」と述べていた[16]。企業が長期的かつ安定的なスポンサーとなってもらうた

---

16 Bリーグ島田チェアマン講演会「Bリーグの新リーグ構想― 地域との

めには、企業との関係性をより深くする必要がある、ということと解釈できる。企業の社会活動に対する支援は、直接のリターンを求めることが目的ではないが、業績が悪くなると企業内での合意を得るのが困難になる。従業員の理解、すなわち会社全体によるスポーツ活動へのサポートは長期的な支援へと繋がる取り組みである。岡山県でも４団体のプロスポーツチームがある。それぞれが地域との関係性を強調するなか、差別化によるスポンサー企業との関係深化は持続的に運営していくためには不可欠である。

　岡山トヨタ自動車の梶谷社長はＢリーグの島田チェアマンとの対談で、「単なる（チームの）スポンサーだけではなく、一緒に価値を上げる取り組みをしていきたい」と述べていた。岡山トヨタ自動車は地域貢献活動に熱心に取り組む企業の一つであるが、スポーツと企業の相乗効果が長期的なパートナーシップの発展につながる、と理解できる。このような例として、ユニクロの 2021 年からルーブル美術館と４年間のパートナーシップが挙げられる [17]。パートナーシップの取り組みの一つは、ユニクロがルーブル美術館の作品とコラボレーションした商品を販売することである。また、ルーブル美術館の「フリー・サ

関係性について ―」岡山県医師会三木記念ホール、2021 年 1 月 28 日。

17　https://www.uniqlo.com/jp/ja/contents/corp/press-release/2021/01/
21012909_louvrepartnership.html（2021 年 2 月 1 日アクセス）

タデー・ナイト」[18]と「ミニ・ディスカバリー・ツアー」[19]の2つのプログラムをスポンサーすることであり、双方にメリットがある取り組みとなっている。ユニクロ（ファーストリテイリング）は美術館に対するスポンサー活動を長年行なっており、ニューヨーク近代美術館（MoMA）の毎週金曜日夜の入館料を無料にする「ユニクロ・フリー・フライデー・ナイト」を2013年から実施、また、2016年にはロンドンのテート・モダンの毎月最終金曜日の夜間開館を支援（ユニクロ・テート・レイツ）している。ファーストリテイリングは海外事業を強化しており、2018年8月期には海外ユニクロ事業の売り上げ（8,963億2,100万円）が国内ユニクロ事業の売り上げ（8,647億7,800万円）を超え、その後も海外ユニクロ事業が事業セグメントで最大の売り上げとなっている[20]。海外事業を強化する上で、美術館支援による企業ブランド価値向上は戦略的にも重要な位置付けとなる。

　加藤（2018）はベネッセアートサイト直島を「芸術文化への社会的投資が、経営者個人にとっても、お金だけでは得られ

18　ルーブル美術館が2019年1月から開始したプログラム。毎月第一土曜日の開館時間を延長し、一部を無料開放するもの。

19　子どもやアートに馴染みがない訪問者に館内の一部の展示作品を解説する20分のミニツアー。

20　https://www.fastretailing.com/jp/ir/financial/segment_5yrs.html（2021年2月1日アクセス）

ない特別の大きなリターンをもたらし、企業にとっては、その企業ブランドの確立にとっても不可欠な要素であることを示す最も明快な事例だからである」と述べている。このようなブランド価値を評価することは課題である。しかし、公益資本主義に基づく芸術文化投資ではあるものの、教育事業と介護・保育事業を事業ポートフォリオの柱として展開する企業にとって、芸術文化投資は企業ブランド向上に寄与している。

　近年、アート思考がビジネスの分野でも取り上げられることが多くなっている。アート思考の定義は多様であるが、例えば、末永（2020）は、「自分の内側にある興味をもとに自分のものの見方で世界をとらえ、自分なりの探求をし続けること」としている。このような考え方がビジネスの分野で取り上げられるようになったのは、社会・事業環境が複雑になっていったことが挙げられる。これまでもデザイン思考がビジネスの分野で取り入れられてきた。Brown（2009）は、デザイン思考を「誰もが持っているものの、従来の問題解決方法では軽視されてきた能力を利用する」アプローチとしている。デザイン思考が課題解決を目的とした顧客視点であるのに対して、アート思考は自分を起点にして、社会課題の解決を目指すものである。これは、アートプロジェクトの目的と同じであり、このような考え方がビジネスにも取り入れられている。アート思考育成のための対話型鑑賞法をビジネスパーソンに提供する美術館も増えている。

　ミンツバーグ（2007）は、リーダーシップにおけるアート（直感）、クラフト（経験）、サイエンス（分析）のバランスの重要性について述べている。多くのリーダー、特に組織を成功に導くリーダーはこれらのどれか2つを兼ね備えており、例えば、日本の盛田昭夫と松下幸之助はアートとクラフト、と述べている。山口（2017）は「私たち日本人の多くは、ビジネスにおける知的生産や意思決定において、「論理的」であり、「理性的」であることを、「直感的」であり「感性的」であることよりも高く評価する傾向があります」と述べている。これまで経営戦略の策定支援やM&Aの業務に携わってきたが、顧客である企業にはこれまでの経験や分析に基づき論理的に説明することを心がけてきた。意思決定の場では、企業側も外部からは論理的な判断材料を期待している。しかし、難しいのは意思決定に際してどの程度までの判断材料や時間が必要か、ということである。ある経営者は一定の情報量で短期間のうちに意思決定するし、いくら時間をかけても意思決定できない経営者もあった。どこかで判断しないといけないのである。

　多くの企業では新規事業に積極的に取り組んでいる。この決断は一般的に早い。製品やサービスのライフサイクルが短くなるなか、中長期的な視点から将来の事業の柱を育てたいということであり、事業ポートフォリオのリスク分散効果も期待できる。ところが事業をやめるという意思決定はなかなかできない。「論理的」にやめない理由はいくつでも見つかるからであ

る。アート、クラフト、サイエンスのバランスは一つの課題である。

　岡山大学大学院では経済団体の支援を受けて、地元の経営者を講師とした授業を開講している。企業の取り組みとしてユニークだったのは中期経営計画を「絵」で表現する、というものであった。「絵」で表現することにより、「わかりやすさ」「感性へのアピール」「多様な意見の表現」を実現することができる。これにより目標の共有化、形式知化を行っている。企業の理想像を明確にして共有することは、従業員一人ひとりの行動を組織としての成果にする上での重要な取り組みである。ここで「絵」は専門家に依頼するのではなく、プロジェクトメンバー全員が集まり、それぞれが「絵」を描いて討議していく。

　また、美術館やアートプロジェクトを討議の「場」として活用することにより、従業員が作品に感化され、表現に向かっていく。結果として、経営計画が経営陣から与えられるものではなく、自らが経営にも参画しているという当事者意識、連帯感の構築にも寄与している。「絵」を共通言語とすることにより、属人的なスキルとならないような取り組みを行っている点がユニークと言える。

　山口（2017）は、「絵を描くことはリーダーに求められる様々な認識能力を高めることがわかっており、実際に自ら芸術的な趣味を実践している人ほど、知的パフォーマンスが高いという統計結果もある」と述べている。時間もコストもかかる取り組

みではあるが、従業員の教育としての役割も担っている。

　山口（2017）は、「「アート」は創造性を後押しし、社会の展望を直感し、ステークホルダーをワクワクさせるようなビジョンを生み出します。「サイエンス」は体型的な分析や評価を通じてアートが生み出した予想やビジョンに現実的な裏付けを与えます。そして「クラフト」は、地に足のついた経験や知識をもとにアートが生み出したビジョンを現実化するための実行力を生み出していきます」と述べている。アート、クラフト、サイエンスのバランスが経営に求められるのであれば、芸術文化と企業による価値創造の潜在性は高い。

参考文献

Art Newspaper, the (2019), "Art's most popular exhibition and museum visitor figures 2018", https://www.museus.gov.br/wp-content/uploads/2019/04/The-Art-Newspaper-Ranking-2018.pdf (2020.3.15 アクセス)

Association of Art Museum Directors, the (2018) "Art Museum by the Numbers 2018", https://aamd.org/sites/default/files/document/Art%20Museums%20by%20the%20Numbers%202018.pdf (2020.1.15 アクセス)

Baker, B. (2012) *Destination Branding for Small Cities: The Essentials for Successful Place Branding*, Creative Leap Books.

Barney, J.B. (2002) Gaining and Sustaining Competitive Advantage, second edition, Pearson Education. (岡田正大『企業戦略論〈競争優位の構築と持続〉』ダイヤモンド社、2003 年)

Brown. T (2009) Change by Design: How design thinking transforms organizations and inspires innovation, Harper Business (千葉敏生『デザイン思考が世界を変える』早川書房、2014 年)

Drucker, P.F. (2009) Management Challenges for the 21st Century, Harper Business. (上田惇生『明日を支配するもの ― 21 世紀のマネジメント革命 ―』ダイヤモンド社、2009 年)

Frey, B. S. and S. Meier (2003) "The Economics of Museums" *Working Paper No.149, Institute for Empirical Research in Economics, University of Zurich*, pp.1-46.

Friede. G, T. Bush and A. Bassen (2015) "ESG and financial performance: aggregated evidence from more than 2000 empirical studies", *Journal of Sustainable Finance and Investment*, Vol.5, No.4, pp. 210-233.

Global Sustainable Investment Alliance (2018) *Global Sustainable Investment Review*, http://www.gsi-alliance.org/wp-content/uploads/2019/06/GSIR_Review2018F.pdf (2020 年 12 月 21 日アクセス)

Hitt, M.A., R.D. Ireland and R.E. Hoskisson (2014) *Strategic Management Competitiveness and Globalization*, Cengage Learning. (久原正治、横山寛美『戦略経営論　競争力とグローバリゼーション』センゲージ　ラーニング、2014 年)

International Integrated Reporting Committee (2011), *Towards Integrated Reporting -Communicating Value in the 21st Century-*, https://integratedreporting.org/wp-content/uploads/2011/09/IR-Discussion-Paper-2011_spreads.pdf (2021 年 12 月 21 日アクセス)

Kotler. P, K. Hermawan and I. Setiawan (2016) *Marketing 4.0: Moving from Traditional to Digital*, Wiley. (藤井清美『コトラーのマーケティング 4.0 スマートフォン時代の究極法則』朝日新聞出版、2017 年)

Metropolitan Museum of Art, the (2019) "Annual Report 2018-2019", https://www.metmuseum.org/-/media/files/about-the-met/annual-reports/2018-2019/audited-financial-statements-annual-report-2018-19.pdf?la=en&hash=05D4FA02CAFB7C94D18923A1C9FE1C2B (2020.1.15 アクセス)

Moody's Investors Service "Rating Action: Moody's assigns Aaa to Metropolitan Museum of Art's (NY) \$250M Series 2015 bonds; outlook stable", https://www.moodys.com/research/Moodys-assigns-Aaa-to-Metropolitan-Museum-of-Arts-NY-250M--PR_316776 (2020.1.15 アクセス)

Porter M.E. and M.R. Kramer (2011) "Creating Shared Value, How to reinvent the capitalism and unleash a wave of innovation and growth", *Harvard Business Review*, January February 2011, pp.1-17.

Randers, J. (2012) 2052: *A Global Forecast for the Next Forty Years*, Chelsea Green Publishing Co. (野中香方子『2052 今後 40 年のグローバル予測』日経BP社、2013 年)

Schmitt, B.H. (1999), *Experimental Marketing: How to Get Customers Sense,*

Feel Think, Act, and Relate to Your Company and Brands, Free Press.

Strydom, B. (2014) "Financial Management in Non-Profit Organizations: An Exploratory Study." *Mediterranean Journal of Social Sciences*, Vol.5 No.15, pp.55-66.

United Nations, Department of Economic and Social Affairs, "World Urbanization Prospects, the 2018 Revision", https://population.un.org/wup/Publications/Files/WUP2018-Report.pdf（2020 年 9 月 16 日アクセス）

Vargo, S.L. and R.F. Lusch (2004), "Evolving to a New Dominant Logic for Marketing", *Journal of Marketing*, vol.68, pp 1-17.

青木幸宏（2004）「地域ブランド構築の視点と枠組み」日本商工ジャーナル 8 月号、14-18 頁。

青木幸宏（2013）「「ブランド価値共創」研究の視点と枠組 ─ S-D ロジックの観点からみたブランド研究の整理と展望」『商学論究』60 巻 4 号、85-118 頁。

磯貝政弘（2019）「アートプロジェクトと観光、その現状と展望」『Atomi 観光コミュニティ学部紀要』4 号、43-52 頁。

大阪市（2018）『文教施設におけるコンセッション事業に関する先導的開発事業』、https://www.city.osaka.lg.jp/keizaisenryaku/cmsfiles/contents/0000415/415574/H29moukasyogaiyou.pdf（2020.2.9 アクセス）。

大友信秀（2020）「観光マーケティングは地域に何を与えるか？（1）─ DMO は地域を変えるか？ ─」金沢大学『金沢法学』62 巻 2 号、71-78 頁。

岡山県（2015）『岡山県人口ビジョン』https://www.pref.okayama.jp/uploaded/life/599464_5000987_misc.pdf（2019 年 8 月 15 日アクセス）。

観光庁（2014）『観光に関する取り組みについて』https://www.kantei.go.jp/jp/singi/keizaisaisei/jjkaigou/dai8/siryou1.pdf（2020 年 6 月 15 日アクセ

ス)。

加藤種男（2018）『芸術文化の投資効果』水曜社。

加賀田和弘（2006）「企業の社会的責任（CSR）― その歴史的展開と今日的課題 ―」『関学総政研論』第 7 巻、43-65 頁。

観光立国推進閣僚会議『観光ビジョン実現プログラム 2019』https://www.mlit.go.jp/common/001293516.pdf（2019 年 9 月 30 日アクセス）

北川フラム（2014）『美術は地域をひらく　大地の芸術祭 10 の思想』現代企画室。

熊倉純子（2014）『アートプロジェクト　芸術と共創する社会』水曜社。

研谷紀夫（2012）「博物館経営と効果」水嶋英治・大堀哲編『博物館学Ⅲ博物館情報・メディア論＊博物館経営論』学文社、145-165 頁。

小泉元宏（2012）「地域社会に「アートプロジェクト」は必要か？― 接触領域としての地域型アートプロジェクト ―」鳥取大学『地域学論集』第 9 巻第 2 号、77-93 頁。

国立美術館（2019）『平成 30 年度　決算報告書』、http://www.artmuseums.go.jp/03/0302H30kessannhoukoku.pdf（2019.12.7 アクセス）。

小林真里、片山泰輔（2009）『アーツ・マネジメント概論』水曜社。

斎藤温次郎（1996）「博物館と収支」大堀哲・小林達雄・端信行・諸岡博熊編『ミュージアム・マネージメント　博物館運営の方法と実践』東京堂出版、140-148 頁。

坂村圭、中井検裕、中西正彦（2011）「美術館運営に対する指定管理者制度導入の効果と課題に関する研究」日本都市計画学会誌『都市計画論文集』vol.46 No.3、1009-1014 頁。

澤野雅彦（2005）『企業スポーツの栄光と挫折』青弓社。

島田恒（2009）『非営利組織のマネジメント』東洋経済新報社。

末永幸歩（2020）『13 歳からのアート思考』ダイヤモンド社。

関正雄（2018）『SDGs 経営の時代に求められる CSR とは何か』第一法規。

全国美術館会議（2017）『美術館の原則と美術館関係者の行動指針』、

https://www.zenbi.jp/getMemFile.php?file=file-93-18-report.pdf
（2019.12.7 アクセス）。

総務省（2010）『指定管理者制度の運用について』、https://www.soumu.
go.jp/main_content/000096783.pdf（2020.3.5 アクセス）。

高階秀爾（2018）『《受胎告知》絵画で見るマリア信仰』PHP新書。

竹内晋平（2011）「日本におけるアートマネジメントの現代的諸相 ―「空
間」と「時間」の共有を視点とした公共性の検討 ―」『佛教大学教育
学部論集』第 22 号、97-106 頁。

田中彩乃（2017）「アートの公共性 ― 芸術と社会を媒介するアートマネジ
メント ―」三重大学人文学部『人文論叢』第 34 号、49-57 頁。

端信行（1999）「美術館・博物館の今日的課題 ― 国立美術館・博物館の独
立行政法人化をめぐって ―」文化経済学会誌『文化経済学』第 1 巻 4
号、11-17 頁。

沈潔如（2010）「地域ブランド研究に関する一考察：地域ブランド研究の現
状と今後の課題」小樽商科大学『商学討究』61 巻 2/3 号、287-322 頁。

徳永美津恵（2013）「地域ブランド構築におけるブランド・エクスペリエン
スの重要性：瀬戸内国際芸術祭 2010 の取り組みを通じて」関西大学経
済・政治研究所『東アジア経済・産業における新秩序の模索』研究双
書：第 157 冊、121-136 頁。

内閣官房まち・ひと・しごと創生本部事務局『第 2 期　まち・ひと・しご
と創生総合戦略』https://www.kantei.go.jp/jp/singi/sousei/info/pdf/r1-12-
20-senryaku.pdf（2020 年 9 月 23 日アクセス）。

中村英仁（2019）「企業スポーツの脱制度化：休廃部に与える経済的および
社会的要因の影響の分析」『スポーツマネジメント研究』第 11 巻第 1
号、21-35 頁。

西沢立衛（2010）『美術館をめぐる対話』集英社。

日本政策投資銀行大分事務所（2010）『現代アートと地域活性化～クリエ
イティブシティ別府の可能性～』https://www.dbj.jp/upload/investigate/

docs/kyusyu1009_01.pdf（2020 年 10 月 1 日アクセス）。

日本博物館協会（2017）『博物館登録制度の在り方に関する調査研究報告書』
日本博物館協会。

年金積立金管理運用独立行政法人『2019 年度ESG活動報告』https://www.
gpif.go.jp/investment/GPIF_ESGReport_FY2019_J.pdf（2020 年 12 月
21 日アクセス）。

福武總一郎「瀬戸内海と私」『季刊誌　Benesse Art Site Naoshima』2020 年
1 月、11-12 頁。

福田拓哉（2010）「企業スポーツにおける運営論理の変化に関する史的考察
―日本的経営・アマチュアリズム・マスメディアの発達を分析視座と
して―」『立命館経営学』第 49 巻第 1 号、183-207 頁。

文化庁（1998）『国立博物館・美術館に関する懇談会（第 1 回）概要』、
https://www.mext.go.jp/b_menu/shingi/chousa/bunka/001/gijiroku/001/
980801.htm（2020.3.9 アクセス）。

文化庁（2020）『「文化芸術都市に係る評価と今後の在り方に関する研究」
に関する業務報告書』https://www.bunka.go.jp/tokei_hakusho_shuppan/
tokeichosa/pdf/92212901_01.pdf（2020 年 11 月 20 日アクセス）

藤泉（2008）「指定管理者制度による官・民協働事業：長崎県美術館・長崎
歴史文化博物館の取組」『文化経済学』第 6 巻 1 号、195-198 頁。

ヘンリーミンツバーグ（2007）『H.ミンツバーグ経営論』ダイヤモンド社。

ポーラ美術振興財団（2019）『平成 30 年度事業報告書』、http://www.pola-
art-foundation.jp/foundation/index.html#content7（2020.3.9 アクセス）。

宮本結佳（2018）『アートと地域づくりの社会学　直島・大島・越後妻有に
みる記憶と創造』昭和堂。

武藤泰明（2008）「スポーツ組織の持株会の評価：Jリーグを例に」『スポー
ツ科学研究』第 5 巻、147-162 頁。

山口周（2017）『世界のエリートはなぜ「美意識」を鍛えるのか？』光文社。

吉澤弥生（2011）『芸術は社会を変えるか？　文化生産の社会学からの接近』

　青弓社。

吉澤弥生（2019）「アートはなぜ地域に向かうのか―「社会化する芸術」
　　の現場から―」『フォーラム現代社会学』18 巻、122-137 頁。

若林宏保、徳山美津恵、長尾雅信（2018）『プレイス・ブランディング』有
　　斐閣。

あとがき

　海外の友人が直島を訪れ満足して帰国した。直島は知っているけれど岡山を知らなかったのが残念ではあったが、直島のプレイスブランドは海外でも評価されている。この背景には関係者の方々の長年の取り組みがあった。現代アートを地域と創り上げていっただけではなく、海外でもイタリアやシンガポールのビエンナーレに参加するなど積極的にブランディングを行ってきたことが現在の直島ブランドに繋がっている。近年ではSNSの活用などマーケティングの多様化が進んでいるが、観光立国を目指す我が国にとって、東京や京都と並ぶ様々なプレイスブランドが構築されることが期待されている。地域間の差別化という観点からも地域産品のブランドだけではなく、地域全体のブランド化を進めていくことが必要とされる。直島のように現代アートを地域と創り上げてプレイスブランディングに取り組む動きは、2010年以降に芸術祭が増えてきたことからもわかるし、芸術祭を訪問してその可能性は感じている。しかし、収支を見ると、今後どのように運営していくか、特に、資金調達をどのようにしていくかということを課題として考えるようになった。アーティストにとっても、予算削減となれば、その影響は大きいはずである。美術館の運営も固定費の比率が高い構造になっていて、人的資源をマーケティングにかけられ

ない、といった点も理解しているが、アートマネジメントを考えることが、芸術祭やその中核となる美術館の運営の持続性につながっていくのではないか、と感じている。

　ニューヨークタイムズの記事（2021 年 2 月 5 日：Facing Deficit, Met Considers Selling Arts to Pay the Bills）は、ニューヨークのメトロポリタン美術館が 1 億 5 千万ドルの資金不足のため、いくつかの作品を売却することを検討している、と伝えている。元々新しい作品の購入資金としての売却はAAMD(Association of Art Museum Directors)により認められていたものの、2022 年 4 月までは売却資金を作品保護、保存のための費用に充てることも認めたことにより、多くの美術館が検討を開始している。売却にはもちろん反対意見もあるのだが、運営にはお金が必要、ということになろう。言うまでもなく、新型コロナウイルス感染症の影響により収入が激減したからである。美術館の運営環境が厳しくなってきているのは世界中同じで、公的資金や特定の企業の支援により運営されることの多い我が国の美術館にとっても厳しい環境が当面続く。日本の場合、そもそも国や自治体の財政状況は他の先進国と比較しても厳しく、さらに新型コロナウイルス感染症の対策費用がのし掛かる。税金もそもそも企業や個人によるものであるが、直接的な資金調達の必要性が高くなっているのではないか、というのが本書の出発点である。

　長年、民間企業の経営に関する業務に携わってきたが、企業

経営とは違って、芸術祭や美術館ではあまりお金の話はしないようである。儲ける必要は全くないと思っているが、お金の話は必要である。我が国では非正規雇用に関する議論が様々なされているが、美術館の学芸員でも正規雇用されるのは壁が高く、非正規が当たり前、という話を伺った。アーティストのみならずこのような労働環境も改善していくためにもお金の話は必要だと考えている。

　企業の方々がSDGsのバッジを付けているのをよく見かけるようになった。社会的貢献への意識も年々高くなっており、地域貢献の一環としても、芸術祭や美術館に対する理解が高くなっていくことを期待している。この理解の壁となっているのが、芸術文化の情報開示ではないかと考えている。企業の場合、定量的に業績を評価しやすい、といった点があるが、芸術祭や美術館は定量的な評価が難しい。本来なら、情報開示を工夫することによりステークホルダーに理解してもらうことが必要であるが、現状は取り組みを羅列してあるだけで、ミッションの達成度合いがわかるとは言い難く、情報開示のあり方については今後の課題と考えている。また、アートを企業経営に活用する動きも出てきており、企業と芸術文化が価値を創造していくことで企業の芸術文化投資が増えていくのではないかとも期待している。プロスポーツチームが積極的に支援者としての企業へのアプローチをしているのに対して、我が国の芸術文化ではそのような動きは少ないという印象であり、企業、芸術文

化双方からのアプローチを積極化することはまだまだ可能だと感じている。

　2018年に岡山に移住してから、美術館や芸術祭を訪れることも多くなった。大原美術館の大原理事長をはじめとする美術館の方々には美術館について一から教えて頂いた。ベネッセホールディングスの高橋部長、間部様、福武財団の方々には直島、犬島の説明を丁寧にしていて頂き、地域と現代アートについて考えるようになった。また、ストライプインターナショナルの岡田部長、石川文化振興財団の宍戸様にも芸術祭運営に対する疑問に答えて頂いた。岡山シンフォニーホールの高次館長には地域におけるオーケストラ運営について聞くことができた。このような方々に一から教えて頂きながら、地域と芸術文化について考えることができ、大変感謝している。同時に、様々な企業の方からCSRや芸術文化への取り組みについて意見を頂いた。短期間で様々なネットワークができたのは大変幸運であった。本書の出版に際し、無理を聞いて頂いた大学教育出版の佐藤様やお力添えいただいたすべての人々に心から感謝して、今後の研究活動に取り組んでいきたい。

■著者紹介

西田　陽介（にした　ようすけ）

岡山大学大学院社会文化科学研究科　准教授
早稲田大学理工学部卒業、早稲田大学大学院理工学研究科
修了、ペンシルベニア大学ウォートンスクール修了、早稲
田大学大学院アジア太平洋研究科にて博士号取得。
住友電気工業株式会社、ゴールドマン・サックス証券会社、
メリルリンチ日本証券株式会社、株式会社日本政策投資銀
行を経て 2018 年 4 月より現職。

地域と芸術文化投資

2021 年 5 月 25 日　初版第 1 刷発行

■著　　者──西田陽介
■発 行 者──佐藤　守
■発 行 所──株式会社 **大学教育出版**
　　　　　　〒 700-0953　岡山市南区西市 855-4
　　　　　　電話(086)244-1268㈹　FAX(086)246-0294
■印刷製本──モリモト印刷㈱
■Ｄ Ｔ Ｐ──林　雅子

ISBN978-4-86692-137-2